LA BIBLIOTHÈQUE ALSACIENNE

Bernard VOGLER, Michel HAU, *Histoire économique de l'Alsace*, 1997.

Bernard VOGLER, *Histoire politique de l'Alsace*, 1995.

Richard KLEINSCHMAGER, Léon STRAUSS et Dominique BADARIOTTI, *Géopolitique de Strasbourg*, 1995.

Jacques GRANIER, *Et Leclerc prit Strasbourg*, 1994.

Gabriel BRAEUNER, *Pfeffel l'Européen*, 1994.

Bernard VOGLER, *Histoire culturelle de l'Alsace*, 1993.

Vicente ALMAZÀN, *La quête du pardon*, 1993.

Philippe JÉHIN, *Les hommes contre la forêt*, 1993.

Sébastien BRANT, *La nef des fous*, 1992.

Jean-Louis SCHLIENGER et André BRAUN, *Le mangeur alsacien*, 1990.

Frère MÉDARD, *L'Alsace fidèle à elle-même ?*, 1990.

Claude BETZINGER, *Chronique du Strasbourg révolutionnaire*, 1989.

Prévert
en alsacien

Prévert
en alsacien

ANTHOLOGIE BILINGUE

Traduit par
Simone Morgenthaler
en collaboration avec
Raymond Matzen

LA NUÉE BLEUE

OUVRAGES DE SIMONE MORGENTHALER

Histoire d'un hibou perdu, Le Verger, Strasbourg, 1984.

Les meilleures recettes d'Alsace, La Nuée Bleue, Strasbourg, 1992.

Les meilleurs desserts d'Alsace, La Nuée Bleue, Strasbourg, 1992.

Recettes et décors de Noël, La Nuée Bleue, Strasbourg, 1994.

A la table de Simone, La Nuée Bleue, Strasbourg, 1997.

RECUEILS POÉTIQUES DE RAYMOND MATZEN

Dichte isch hichte, A. Morstadt, Kehl, 1980.

Hebb din Ländel fescht am Bändel!, Moritz Schauenburg, Lahr, 1991.

Goethe, Friederike Brion und Salome «Olivie», Moritz Schauenburg, Lahr, 1993.

Storchenromantik im Elsaß einst und jetzt, Moritz Schauenburg, Lahr, 1993.

Mitenand' fer 's Elsassland!, ERCE, Strasbourg, 1994.

Mondträume - Mondschäume, Moritz Schauenburg, Lahr, 1994.

O scheeni Wihnachtszit!, Moritz Schauenburg, Lahr, 1994.

Feschtdäj, Moritz Schauenburg, Lahr, 1997.

Liebespein ... Mondenschein, Moritz Schauenburg, Lahr, 1997.

(Nombreux ouvrages, écrits et articles de linguistique, lexicographie et dialectologie.)

En couverture : mie de pain de Pétra Werlé
Photo : Denis Rebmann

Les poèmes composant ce recueil sont extraits des ouvrages suivants: PAROLES (1949), SPECTACLE (1951), LA PLUIE ET LE BEAU TEMPS (1955), HISTOIRES (1963), tous publiés par Gallimard.

ISBN 2-7165-0390-7

Avant-propos

La première fois que j'entendis parler de Prévert, j'étais petite fille, à l'école primaire de Haegen, village près de Saverne, dans le Bas-Rhin. L'instituteur, Monsieur Neusch, que j'aimais passionnément, me fit découvrir le poème «En sortant de l'école».

Je trouvais exquise cette histoire de locomotive débridée faisant le tour de la terre et des saisons avec les enfants à son bord. Il me prenait même à rêver qu'un jour, sur un pré bien vert, je rencontrerai ce poète au nom si champêtre, à la tête remplie de si belles saynettes. J'imaginais que, pour lui signifier le degré de mon admiration, je me déclarerais alors prête à commettre de menus larcins à ses côtés, s'il l'exigeait.

Une enfance et une adolescence passèrent sans qu'aucune verte prairie ne nous vît nous rencontrer. Prévert était sorti de ma vie, d'autant plus aisément qu'il ne figurait pas au programme du bac.

Un parfum de retrouvailles frisotta à ma mémoire lorsque, étudiante à la Sorbonne, je vis dans un ciné-club Les visiteurs de la nuit *et* Les enfants du paradis, *deux films dont Prévert était le scénariste. Quelques jours plus tard, je trouvai par hasard chez un bouquiniste le long de la Seine le recueil* La pluie et le beau temps.

Je fus d'emblée séduite par cette poésie débordante de vie, de rires, ourlée de grincements de dents. Poésie d'un abord si facile, simple et néanmoins subtile. J'aimais sa fraîcheur libertaire, ses mots qui savent être à la fois doux et assassins, drôles et féroces. Et qui véhiculent des chariots d'images. J'aimais d'instinct son anticonformisme, sa façon irrévérencieuse de parler vrai.

Les idées éclosent toujours sans crier gare et celle de traduire Prévert se posa en moi alors que j'écoutais distraitement Juliette Gréco chanter Les enfants qui s'aiment... *Je me surpris à traduire en alsacien, intérieurement et simultanément, les mots de la chanson. Et je trouvais que la musicalité de la langue alsacienne s'harmonisait bien avec la langue de Prévert.*

J'emportai Prévert dans mes valises, décidant de traduire un poème par aube, avant que les bruits de la vie et de mes enfants ne viennent brusquer le matin. De l'Alsace à la Haute-Savoie, du Tyrol italien à la Toscane, cet été-là, Prévert fut mon « veilleur d'aurore ». Cette « cohabitation » se passait sous les meilleurs augures. J'avais l'impression que Prévert, partisan des idées les plus inattendues, applaudissait à l'idée de couler ses mots dans la langue alsacienne. Mais que valaient réellement mes traductions?

A mon retour en Alsace, j'ai contacté Raymond Matzen, professeur agrégé d'allemand et d'alsacien, ancien directeur de l'Institut de dialectologie de l'Université de Strasbourg, linguiste et, de plus, poète. Cet homme d'esprit, sémillant et aimable au possible, m'avait déjà prodigué ses conseils pour mes ouvrages précédents. Il m'aida avec une rigueur et une passion dépassant toutes mes espérances. Je l'en remercie vivement.

Styliste et perfectionniste, Raymond Matzen a su trouver dans les transpositions problématiques le mot juste, la tournure pertinente, les expressions adéquates. Il fut un partenaire précieux non seulement comme traducteur mais en tant que dialectologue et phonéticien. En effet, il m'a aidé à transcrire cette poésie dans le dialecte strasbourgeois, non celui de la campagne (le mien!). Car il voltige à l'évidence dans la poésie de Prévert de la gouaille citadine.

Dans l'immensité de l'œuvre de Prévert, j'ai fait un choix subjectif: les poèmes que je préférais et surtout ceux qui pouvaient se mouler dans la langue alsacienne tout en gardant leur musicalité originelle. Voilà donc un panachage de ses poèmes comme il n'en existait jusqu'à présent dans aucun recueil. J'espère qu'il donnera envie au lecteur curieux, alsacien ou non, dialectophone ou non, de découvrir ou re-découvrir Prévert.

Je voudrais, pour finir, confesser que si j'aime autant Prévert, c'est aussi parce que physiquement il ressemble étonnamment à mon père. Lui sculptait le bois comme Prévert ciselait les phrases. Ils ne sont plus de ce monde. Ils ne se sont jamais connus. Mais peut-être que, derrière « les portes de la nuit », ils tiennent ces joyeux conciliabules propres aux cœurs purs.

SIMONE MORGENTHALER

Préface

«Prévert en alsacien?... Quelle idée!» *penseront nombre d'Alsaciens, plutôt francophones, qui admirent le poète contemporain le plus populaire (au sens noble du terme) mais préfèrent le lire dans le texte original.*

«Prévert en alsacien?... Idée originale!» *diront d'autres, bilingues, car ils trouveront que ces morceaux choisis avec la traduction en regard représentent une curiosité littéraire assez inattendue et fort intéressante, ne serait-ce qu'à titre comparatif sur le plan lexicographique et stylistique.*

«Prévert en alsacien?... Bonne idée!» *s'exclameront finalement ceux qui, à juste titre, estiment qu'on peut tout dire, en alsacien, pourvu qu'on sache encore le dire. Pourquoi, soulignent-ils, ne pas traduire en dialecte un choix de textes du «chantre de la France d'aujourd'hui», d'autant plus que son style semble se prêter le mieux à une adaptation en langue étrangère.*

Quoi qu'il en soit, l'idée a commencé à germer dans la tête de Simone Morgenthaler, journaliste à la radio et à la télévision régionales, chroniqueuse aux DNA... Eprise depuis sa jeunesse de l'art poétique de Jacques Prévert, elle a décidé de traduire dans sa langue maternelle un «best-of» de ce poète. Sachant que, moi aussi, j'apprécie beaucoup la manière de Prévert, ses tours d'esprit, ses jeux de mots et ses pointes, et estimant qu'il vaut mieux être à deux pour mener une entreprise ardue à bonne fin, elle m'a prié de l'aider.

En effet, toute traduction est une corvée qui comporte un risque: «Traduttore, traditore!» *(Traduire, c'est trahir!) affirment les Italiens. Comme elle l'explique dans son avant-propos, Simone s'est passionnée pour l'œuvre poétique de Jacques Prévert parce qu'il l'a subjuguée tout autant par sa spontanéité, sa franchise et sa simplicité que par sa virtuosité verbale.*

C'est précisément l'allure facile de son écriture légère et plaisante, à la fois souple et forte, qui s'est avérée plus ou moins difficile dans la transposition en dialecte. Ses visions surréalistes ont également posé des problèmes. Pour traduire fidèlement quelque texte que ce soit, il faut effectivement d'abord comprendre, c'est-à-dire bien interpréter ce qui y est exprimé, voire déchiffrer ce qui y est codé.

Magicien de l'imagerie, Prévert est aussi un virtuose de la parole, vif et malicieux. Son langage populaire, parfois même argotique, coule de source et se transforme rapidement en torrent: il emballe et entraîne, encore faut-il, dans l'adaptation, le contenir, le brider. En effet, Prévert, «frère Jacques» espiègle, jongle avec les mots; il les aligne souvent à l'affilée et les superpose, puis les reprend en inversant leur ordre pour les mettre en relief, il accumule les allitérations et les assonances, fait tinter des rimes intérieures qui renforcent tel ou tel leitmotiv ou «leidmotiv»; il joue avec les homonymes et adore le calembour.

Cette essence de l'esprit qui vole et plane avec aisance forme un tout propre à sa plume ailée, bien française, mais ne correspond guère aux moyens d'expression alsaciens, le plus souvent complètement différents, d'où des particularités et des effets non transposables... Quelle est en allemand, la règle d'or des traducteurs?... «So treu wie möglich und so frei wie nötig!» Ils doivent donc s'appliquer à traduire «aussi fidèlement que possible et aussi librement que cela est nécessaire» quand la compréhension et la correction l'exigent. Conseil plus facile à énoncer qu'à suivre!

C'est d'ailleurs là que réside l'attrait, voire l'intérêt de cette édition bilingue: dans quelle mesure est-il possible de rendre les caprices et les virevoltes de la plume inspirée, primesautière, du poète contemporain le plus lu et le plus chanté par les Français?

Quoi qu'il en soit, ce recueil de morceaux choisis français-alsacien, pour le moins original, contribuera à sauvegarder le patrimoine linguistique de l'Alsace, d'une part en permettant aux Alsaciens nés avant-guerre, essentiellement dialectophones, de découvrir, à travers leur langue maternelle, l'art captivant de Jacques Prévert, d'autre part, en incitant ceux de la jeune génération, plutôt francophones, à entretenir ou même à affermir leurs connaissances du parler ancestral... C'est de toute façon un alsatique qui prendra de plus en plus de valeur au fur et à mesure que le dialecte perdra du terrain en tant que langue véhiculaire.

C'est en tout cas un florilège qui veillera à ce que la belle œuvre de Prévert, avec ses herbes, ses fleurs et ses buissons, ses escargots, ses oiseaux et ses levrauts, reste un «pré vert» où les enfants aimeront toujours s'ébattre et les adultes se promener en rêvant.

Et c'est en plus une stèle littéraire que notre province, située dans l'Hexagone à l'opposé géographique de la Normandie où l'immortel repose en paix pour l'éternité, veut, dès à présent, lui dédier.

RAYMOND MATZEN
Université de Strasbourg

Accalmie

Le vent
Debout
S'assoit
Sur les tuiles du toit.

Windstille

De Wind
Ufrecht
Setzt sich
Uf d' Ziejle vum Dach.

Chanson de l'oiseleur

L'oiseau qui vole si doucement
L'oiseau rouge et tiède comme le sang
L'oiseau si tendre l'oiseau moqueur
L'oiseau qui soudain prend peur
L'oiseau qui soudain se cogne
L'oiseau qui voudrait s'enfuir
L'oiseau seul et affolé
L'oiseau qui voudrait vivre
L'oiseau qui voudrait chanter
L'oiseau qui voudrait crier
L'oiseau rouge et tiède comme le sang
L'oiseau qui vole si doucement
C'est ton cœur jolie enfant
Ton cœur qui bat de l'aile si tristement
Contre ton sein si dur si blanc.

’s Lied vum Vöjelfanger

’s Vejele wo so sachte fliejt
’s Vejele rot un läb wie ’s Blüet
’s Vejele so zart ’s Vejele wo spettelt
’s Vejele wo pletzlich Angscht kriejt
’s Vejele wo pletzlich anrennt
’s Vejele wo flichte wott
’s Vejele ällein un verwirrt
’s Vejele wo läwe wott
’s Vejele wo singe wott
’s Vejele wo krìsche wott
’s Vejele rot un läb wie ’s Blüet
’s Vejele wo so sachte fliejt
Diss isch din Herz liebs scheens Kind
Din Herz wo himpelt un so trüürig schlaat
An dinere Bruscht so hart so wìss.

Chanson des cireurs de souliers

Aujourd'hui l'homme blanc
Ne s'étonne plus de rien
Et quand il jette à l'enfant noir
Au gentil cireur de Broadway
Une misérable pièce de monnaie
Il ne prend pas la peine de voir
Les reflets du soleil miroitant à ses pieds
Et comme il va se perdre
Dans la foule de Broadway
Ses pas indifférents emportent la lumière
Que l'enfant noir a prise au piège
En véritable homme du métier
La fugitive petite lumière
Que l'enfant noir aux dents de neige
A doucement apprivoisée
Avec une vieille brosse
Avec un vieux chiffon
Avec un grand sourire
Avec une petite chanson
La chanson qui raconte l'histoire
L'histoire de Tom le grand homme noir
L'empereur des cireurs de souliers
Dans le ciel tout noir de Harlem
L'échoppe de Tom est dressée
Tout ce qui brille dans le quartier noir

Lied vun de Schüehwichser

De wïss Mensch hitzedaas
Wundert sich iwwer nix meh
Un wenn er im schwarze Kind
Im brave kleine Schüehwichser vun Broadway
E rüdigs Geldstickel annewerft
Gibt er sich nitt d'Miej fer ze sähn
Wie de Widderschin vun de Sunn sich vor
sine Fiess spiejelt
Un wie er sich in de Menschemeng
vun Broadway verliere wurd
Nämme sini glichgiltige Schritt 's Liecht mit
Wo 's schwarze Kind in de Fall g'fange het
Als echter Fachmann
Diss flichtige Liechtel
Wo 's schwarze Kind mit d'r schneewïsse Zähn
Sachte gezähmt het
Mit ere alte Birscht
Mit eme alte Lumpe
Mit eme breite Schmunzle
Mit eme kleine Lied
's Lied wo d' G'schicht verzählt
Vum Tom d' G'schicht vum grosse schwarze Mann
De Kaiser vun de Schüehwichser
Im ganz schwarze Himmel vun Harlem
Isch im Tom siner Lade ufg'schlaawe
Alles was glänzt im schwarze Viertel

C'est lui qui le fait briller
Avec ses grandes brosses
Avec ses vieux chiffons
Avec son grand sourire
Et avec ses chansons
C'est lui qui passe au blanc d'argent
Les vieilles espadrilles de la lune
C'est lui qui fait reluire
Les souliers vernis de la nuit
Et qui dépose devant chaque porte
Au Grand Hôtel du Petit Jour
Les chaussures neuves du matin
Et c'est lui qui astique les cuivres
De tous les orchestres de Harlem
C'est lui qui chante la joie de vivre
La joie de faire l'amour et la joie de danser
Et puis la joie d'être ivre
Et la joie de chanter
Mais la chanson du Noir
L'homme blanc n'y entend rien
Et tout ce qu'il entend
C'est le bruit dans sa main
Le misérable bruit d'une pièce de monnaie
Qui saute sans rien dire
Qui saute sans briller
Tristement sur un pied.

Isch numme so wil er 's macht glänze
Mit sine grosse Birschte
Mit sine alte Lumpe
Mit sim breite Schmunzle
Un mit sine Lieder
Er isch 's wo d'alte Summerschüeh
vum Mond versilwert
Er isch's wo d' Lackschüej
Vun de Nacht macht glänze
Un wo vor jedere Deer
Im Grosse Hotel züem Frieje Morje
D'neje Schüej vum Morje annestellt
Un er isch 's wo d'Blechinschtrümenter
Vun alle Harlem-Orchester macht glänze
Er isch 's wo 's Lied vun de Läwesluscht singt
D' Luscht sich lieb ze mache un d' Luscht ze danze
Un au d'Luscht mol voll ze sinn
Un d'Luscht ze singe
Awwer vum Schwarze sim Lied
Versteht de wïss Mensch nix
Un alles was er heert
Isch 's Rossle in sinere Hand
's jämmerliche Rossle vu-'me Geldstickel
Wo hüpst ohne ebbs ze saawe
Wo hüpst ohne ze glänze
Trüürig uf eim Füess erum.

Chanson des escargots qui vont à l'enterrement

À l'enterrement d'une feuille morte
Deux escargots s'en vont
Ils ont la coquille noire
Du crêpe autour des cornes
Ils s'en vont dans le soir
Un très beau soir d'automne
Hélas quand ils arrivent
C'est déjà le printemps
Les feuilles qui étaient mortes
Sont toutes ressuscitées
Et les deux escargots
Sont très désappointés
Mais voilà le soleil
Le soleil qui leur dit
Prenez prenez la peine
La peine de vous asseoir
Prenez un verre de bière
Si le cœur vous en dit
Prenez si ça vous plaît
L'autocar pour Paris
Il partira ce soir
Vous verrez du pays
Mais ne prenez pas le deuil
C'est moi qui vous le dis
Ça noircit le blanc de l'œil

Lied vun de Schnecke
wo uf d'Licht gehn

Uf d'Licht vu'me abg'storwene Blatt
Gehn zwei Schnecke
Ihr Hiisel isch schwarz
Vum Trüürschleier wo sie um d'Herner traawe
A-me sehr scheene Spotjohrowe
Gehn se furt ins Stockfinschtere nin
Leider wie sie ankomme
Isch schunn Friejjohr
D'Blätter wo abg'storwe sinn gsinn
Sinn alli uferstande
Un die zwei Schnecke
Sinn arig enttäuscht
Do kommt grad d'Sunn erüs
D'Sunn wo 'ne saat
Nämme wenigschtes Platz
Setze ejch doch anne
Trinke e Glas Bier
Wenn ihr Luscht han denooch
Nämme wenn 's ejch gfallt
De Car wo nooch Paris fahrt
Er fahrt hit owe furt
Noh sähn ihr allerhand Land
Düen awwer jo ken Leid traawe
Lonn's ejch g'saat sinn
Es schwärzt 's Wisse im Auw

Et puis ça enlaidit
Les histoires de cercueils
C'est triste et pas joli
Reprenez vos couleurs
Les couleurs de la vie
Alors toutes les bêtes
Les arbres et les plantes
Se mettent à chanter
A chanter à tue-tête
La vrai chanson vivante
La chanson de l'été
Et tout le monde de boire
Tout le monde de trinquer
C'est un très joli soir
Un joli soir d'été
Et les deux escargots
S'en retournent chez eux
Ils s'en vont très émus
Ils s'en vont très heureux
Comme ils ont beaucoup bu
Ils titubent un p'tit peu
Mais là-haut dans le ciel
La lune veille sur eux.

Un owwedrin düet's
D' Sarich-G'schichte wiescht verstelle
Trüürig isch's un gar nitt nett
Traawe widder ejeri Farwe
d'Farwe vum Läwe
Noh werre alli Viecher
Alli Baim un Pflanze
Anfange ze singe
Lüt ze singe üs vollem Hals
's echte lawendige Lied
's Lied vum Summer
Un alles fangt an ze trinke
Un alles stosst mit de Gläser an
's isch e sehr netter Owe
E scheener Summerowe
Un beidi Schnecke
Mache sich uf de Heimwäj
Dief geriehrt gehn se heim
Arig glicklig gehn se heim
Wil sie viel getrunke han
Wackle sie e bissel
Awwer am Himmel drowwe
Gibt de Mond uf se acht.

Chanson des sardinières

Tournez tournez
petites filles
tournez autour des fabriques
bientôt vous serez dedans
tournez tournez
filles des pêcheurs
filles des paysans

Les fées qui sont venues
autour de vos berceaux
les fées étaient payées
par les gens du château
elles vous ont dit l'avenir
et il n'était pas beau

Vous vivrez malheureuses
et vous aurez beaucoup d'enfants
beaucoup d'enfants
qui vivront malheureux
et qui auront beaucoup d'enfants
qui vivront malheureux
et qui auront beaucoup d'enfants
qui vivront malheureux
et qui auront beaucoup d'enfants
beaucoup d'enfants

Lied vun de Sardinlere

Laufe numme
kleini Maidle
springe numme um d'Fawrike rum
ball werre-n-ihr drinne stecke
laufe springe
Fischermaidle
Büremaidle

Die Fee wo g'stande sinn
um ejeri Waawle
die Fee wo bezahlt sinn worre
vun de Schlossherre
sie han ejch d'Zükunft vorüsg'saat
un die isch nitt rosig g'sinn

Ihr werre unglicklich läwe
un viel Kinder krieje
viel Kinder
wo unglicklich werre läwe
un viel Kinder krieje
wo unglicklich werre läwe
un wo viel Kinder krieje
viel Kinder
wo unglicklich werre läwe
un viel Kinder krieje
viel Kinder

beaucoup d'enfants...
Tournez tournez
petites filles
tournez autour des fabriques
bientôt vous serez dedans
tournez tournez
filles des pêcheurs
filles des paysans.

viel Kinder...
Laufe numme
kleini Maidle
springe numme um d'Fawrike rum
ball werre-n-ihr drinne stecke
laufe springe
Fischermaidle
Büremaidle.

Chanson du vitrier

Comme c'est beau
ce qu'on peut voir comme ça
à travers le sable à travers le verre
à travers les carreaux
tenez regardez par exemple
comme c'est beau
ce bûcheron
là-bas au loin
qui abat un arbre
pour faire des planches
pour le menuisier
qui doit faire un grand lit
pour la petite marchande de fleurs
qui va se marier
avec l'allumeur de réverbères
qui allume tous les soirs les lumières
pour que le cordonnier puisse voir clair
en réparant les souliers du cireur
qui brosse ceux du rémouleur
qui affûte les ciseaux du coiffeur
qui coupe le ch'veu au marchand d'oiseaux
qui donne ses oiseaux à tout le monde
pour que tout le monde soit de bonne humeur.

’s Lied vom Glaser

Wie scheen isch diss
was m’r eso kann sähn
durich de Sand durich ’s Glas
durich d’Schiiwe
do lüeje emol züem Beispiel
wie diss scheen isch
d’ seller Holzhauer
dort in de Wite
wo-n-e Baum ummacht
fer Diele ze mache
fer de Schriner
wo e grosses Bett müess mache
fer d’klein Blüemeverkaifere
wo hirote will
mit ’m Laterne-n-anzinder
wo jede-n- Owe alli Liechter anzindt
fer dass de Schüehmacher hell sieht
wenn er d’ Schüeh repariert vum Wichser
wo die vum Schäreschlifer birscht
wo d’Schär vum Hoorschniider schlift
wo d’ Hoor im Vöjelhändler schniidt
wo sini Vejel in alle gibt
fer dass alli güet gelünt sinn.

Chanson pour chanter à tue-tête et à cloche-pied

Un immense brin d'herbe
Une toute petite forêt
Un ciel tout à fait vert
Et des nuages en osier
Une église dans une malle
La malle dans un grenier
Le grenier dans une cave
Sur la tour d'un château
Le château à cheval
À cheval sur un jet d'eau
Le jet d'eau dans un sac
À côté d'une rose
La rose d'un fraisier
Planté dans une armoire
Ouverte sur un champ de blé
Un champ de blé couché
Dans les plis d'un miroir
Sous les ailes d'un tonneau
Le tonneau dans un verre
Dans un verre à Bordeaux
Bordeaux sur une falaise
Où rêve un vieux corbeau
Dans le tiroir d'une chaise
D'une chaise en papier
En beau papier de pierre

Lied fer üs vollem Hals
un uf einem Bein ze singe

E riesig grosser Grashalme
E winzig kleins Wäldele
E ganz griener Himmel
Un Wolike üs Widegertle
E Kirich i'-me Reisekoffer
De Reisekoffer uf ere Biehn
D'Biehn i'-me Keller
uf'em Durm vu'-me Schloss
's Schloss wo rit
Wo rit uf eme Springbrunne
De Springbrunne i'-me Sack
Näwe- 're Ros
D'Ros vu'-me Erdbeerestock
Gepflanzt i'-me Kaschte
Wo offe steht uf e Weissestick nüs
E Weissestick wo lejt
In de Falte vu'-me Spiejel
Unter de Flejel vu'-me Fass
's Fass i'-me Glas
I'-me Glas fer Bordeaux-Win
Bordeaux uf ere Felsewand
Wo-n- e alti Krapp traimt
In de Schüblad vu'-me Stüehl
Vu'-me Stüehl üs Papier
Üs scheenem Papier üs Stein

Soigneusement taillé
Par un tailleur de verre
Dans un petit gravier
Tout au fond d'une mare
Sous les plumes d'un mouton
Nageant dans un lavoir
À la lueur d'un lampion
Éclairant une mine
Une mine de crayons
Derrière une colline
Gardée par un dindon
Un gros dindon assis
Sur la tête d'un jambon
Un jambon de faïence
Et puis de porcelaine
Qui fait le tour de France
À pied sur une baleine
Au milieu de la lune
Dans un quartier perdu
Perdu dans une carafe
Une carafe d'eau rougie
D'eau rougie à la flamme
À la flamme d'une bougie
Sous la queue d'une horloge
Tendue de velours rouge
Dans la cour d'une école
Au milieu d'un désert
Où de grandes girafes
Et des enfants trouvés
Chantent chantent sans cesse
À tue-tête à cloche-pied
Histoire de s'amuser
Les mots sans queue ni tête

Sorgfältig g'haue
Vu'-me Glasschlifer
I'-me bissel Kiess
Ganz unte i'-me Wasserloch
Unter de Fäddere vu'-me Schof
Wo in ere Wäschpritsch schwimmt
Im Liecht vun ere Papierlatern
Wo e Min belaicht
E Min vun Blejwïssle
Hinter eme Buckel
Wo e Welschgüller hiet
E grosser Welschgüller wo
Uf-'em Kopf vu'-me Schambung sitzt
E Schambung üs Fayence
Un noh üs Porzelan
Wo de Kehr vun Frankrich macht
Ze Füess uf eme Walfisch
Mittles im Mond
I'-me Viertel wo verlore isch
Verlore in ere Karaff
E Karaff mit Wasser wo rot isch worre
Rot isch worre durich e Flamm
Durich d' Flamm von ere Kerz
Unter-'em Kaschte vun ere Wandühr
Mit rotem Sammet iwwerzöje
Im Hoft vun ere Schüel
Mittles in ere Wüschte
Wo grossi Giraffe
Un g'fundeni Kinder
Singe singe ohne ufzeheere
Üs vollem Hals uf einem Bein
Fer sich ze amüsiere
Werter ohne Hand un Füess

Qui dansent dans leur tête
Sans jamais s'arrêter

Et on recommence
Un immense brin d'herbe
Une toute petite forêt...
. . . .

etc., etc., etc.

Wo in ihrem Kopf rumdanze
Ohne ufzeheere

Un widder wurd vun vorne ang'fange
E riesig grosser Grashalme
E winzig kleins Wäldele...
....

usw., usw., usw.

Chanson pour les enfants l'hiver

Dans la nuit de l'hiver
galope un grand homme blanc
galope un grand homme blanc

C'est un bonhomme de neige
avec une pipe en bois
un grand bonhomme de neige
poursuivi par le froid

Il arrive au village
il arrive au village
voyant de la lumière
le voilà rassuré

Dans une petite maison
il entre sans frapper
Dans une petite maison
il entre sans frapper
et pour se réchauffer
et pour se réchauffer
s'assoit sur le poêle rouge
et d'un coup disparaît
ne laissant que sa pipe
au milieu d'une flaque d'eau
ne laissant que sa pipe
et puis son vieux chapeau...

Lied fer d'Kinder im Winter

Durich d' Winternacht
lauft im Galopp e grosser wïsser Mann
lauft im Galopp e grosser wïsser Mann

Es isch e Schneemann
mit ere Pfif üs Holz
e grosser wïsser Schneemann
wo vor de Kälte flichte düet

Er kommt in 's Dorf
er kommt in 's Dorf
sieht Liecht
jetz isch er berüejigt

In e kleins Hüs
geht er ohne anzeklopfe
In e kleins Hüs
geht er ohne anzeklopfe
un fer sich ze wärme
un fer sich ze wärme
setzt er sich uf de rote Offe
in einem Witsch verschwindt er
hinterlosst numme sini Pfif
mittle in ere Wasserlach
un siner alt Hüet...

Chez la fleuriste

Un homme entre chez une fleuriste
et choisit des fleurs
la fleuriste enveloppe les fleurs
l'homme met la main à sa poche
pour chercher l'argent
l'argent pour payer les fleurs
mais il met en même temps
subitement
la main sur son cœur
et il tombe

En même temps qu'il tombe
l'argent roule à terre
et puis les fleurs tombent
en même temps que l'homme
en même temps que l'argent
et la fleuriste reste là
avec l'argent qui roule
avec les fleurs qui s'abîment
avec l'homme qui meurt
évidemment tout cela est très triste
et il faut bien qu'elle fasse quelque chose
la fleuriste
mais elle ne sait pas comment s'y prendre
elle ne sait pas
par quel bout commencer

Bi de Blüemehändlere

E Mann geht bi-n-ere Blüemehändlere nin
un schwasiert Blüeme
d'Blüemehändlere wickelt d'Blüeme in
de Mann langt mit de Hand in de Sack
fer 's Geld erüs ze hole
's Geld fer d'Blüeme ze bezahle
awwer ze glicher Zit lajt er
pletzlich
d'Hand uf sin Herz
un er kejt anne

Ze glicher Zit wie-n-er annekejt
rollt 's Geld uf'm Bodde nüs
un noh keje d'Blüeme anne
ze glicher Zit wie de Mann
ze glicher Zit wie 's Geld
un d'Blüemehändlere blit do stehn
mit'm Geld wo rollt
mit de Blüeme wo wäldi wäre
mit'm Mann wo stirbt
nadiirlich isch diss alles arig trüürig
un doch müess sie ebbs mache
d'Blüemehändlere
awwer sie weiss nitt wie 's anfasse
sie weiss nitt
an wellem End anfange

Il y a tant de choses à faire
avec cet homme qui meurt
ces fleurs qui s'abîment
et cet argent
cet argent qui roule
qui n'arrête pas de rouler.

Es gibt so viel ze mache
mit dem Mann wo stirbt
mit denne Blüeme wo wäldi wäre
un mit dem Geld
dem Geld wo rollt
wo nimm' ufheert ze rolle.

Déjeuner du matin

Il a mis le café
Dans la tasse
Il a mis le lait
Dans la tasse de café
Il a mis le sucre
Dans le café au lait
Avec la petite cuiller
Il a tourné
Il a bu le café au lait
Et il a reposé la tasse
Sans me parler
Il a allumé
Une cigarette
Il a fait des ronds
Avec la fumée
Il a mis les cendres
Dans le cendrier
Sans me parler
Sans me regarder
Il s'est levé
Il a mis
Son chapeau sur sa tête
Il a mis son manteau de pluie
Parce qu'il pleuvait
Et il est parti
Sous la pluie

's Z'morje-n-Esse

Er het de Kaffee
In d'Tass g'schitt
Er het d'Milich
In d'Tass Kaffee g'schitt
Er het de Zucker
In de Milichkaffee gemacht
Mit'em Leffele
Het er geriehrt
Er het de Milichkaffee getrunke
Un er het d'Tass widder anneg'stellt
Ohne mit mir ze redde
Het er e Sigarettel
angezunde
Mit'em Rauch
Het er Ringle geblose
Er het d'Äsch
In de Äschebecher gedupft
Ohne mit mir ze redde
Ohne mich anzelüeje
Er isch ufg'stande
Er het siner Hüet
Uf de Kopf g'setzt
Er het siner Räjemantel angezöje
Denn es het geräjt
Un er isch furt
Unterm Räje

Sans une parole
Sans me regarder
Et moi j'ai pris
Ma tête dans ma main
Et j'ai pleuré.

Ohne e Wort
Ohne mich anzelüeje
Un ich hab miner Kopf
In mini Händ genumme
Un hab g'hilt.

En sortant de l'école

En sortant de l'école
nous avons rencontré
un grand chemin de fer
qui nous a emmenés
tout autour de la terre
dans un wagon doré
Tout autour de la terre
nous avons rencontré
la mer qui se promenait
avec tous ses coquillages
ses îles parfumées
et puis ses beaux naufrages
et ses saumons fumés
Au-dessus de la mer
nous avons rencontré
la lune et les étoiles
sur un bateau à voiles
partant pour le Japon
et les trois mousquetaires des cinq doigts de la main
tournant la manivelle d'un petit sous-marin
plongeant au fond des mers
pour chercher des oursins
Revenant sur la terre
nous avons rencontré

Wie mir üs de Schüel sinn g'komme

Wie mir üs de Schüel sinn g'komme
han mir e Isebahn angetroffe
e grossi langi Isebahn
wo uns mitgenumme het
rings um d'Erd erum
i-'me goldene Waggon
Rings um d'Erd erum
han mir 's Meer angetroffe
's Meer wo spaziere isch gange
mit alle sine Muschle
sine parfümierte Insle
noh mit sine scheene untergangene Schiff
un mit sim geraicherte Lachs.
Angetroffe han mir
iwwer-'em Meer
de Mond un d'Sterne
uf eme Sejelschiff
wo nooch Japan furt isch g'fahre
un d' drej Musketär vun de Hand ihre finef
Finger
wo am Rüederrad vu'me kleine Unterseeboot
erumgekurwelt han
wo in alle Meer bis uf de Grund getaucht isch
fer See-Ejel erufzehole
Wie mir uf d'Erd zeruck sinn g'komme
han mir angetroffe

sur la voie de chemin de fer
une maison qui fuyait
fuyait tout autour de la terre
fuyait tout autour de la mer
fuyait devant l'hiver
qui voulait l'attraper
Mais nous sur notre chemin de fer
on s'est mis à rouler
rouler derrière l'hiver
et on l'a écrasé
et la maison s'est arrêtée
et le printemps nous a salués
C'était lui le garde-barrière
et il nous a bien remerciés
et toutes les fleurs de toute la terre
soudain se sont mises à pousser
pousser à tort et à travers
sur la voie du chemin de fer
qui ne voulait plus avancer
de peur de les abîmer
Alors on est revenu à pied
à pied tout autour de la terre
à pied tout autour de la mer
tout autour du soleil
de la lune et des étoiles
À pied à cheval en voiture et en bateau à voiles.

uf de Isebahnschine
e Hüs wo g'flicht isch
g'flicht rings um d'Erd erum
g'flicht rings um 's ganze Meer
g'flicht vor'em Winter
wo's het welle fange.
Mir awwer uf unsere Isebahn
mir han ang'fange
hinter'm Winter her ze fahre
un mir han'ne iwwerfahre
un 's Hüs het g'halte
un 's Friejjohr het uns begriesst
Es het de Bahnwärter g'spielt
un es het sich bi uns scheen bedankt
un alli Blüeme vun de ganze Erd
han uf einmol ang'fange ze wachse
wild druf los ze wachse
zunderscht un zewwerscht
uf'em Gleis vun de Isebahn
wo einfach nimmi witerschfahre het welle
vor Angscht dass sie se verdruckt.
Noh sinn mir ze Füess zeruckg'komme
ze Füess rings um d' ganz Erd erum
ze Füess rings um 's ganze Meer erum
rings um d'Sunn,
de Mond un d'Sterne erum
Ze Füess uf'm Ross im Auto un uf'em
Sejelschiff.

Familiale

La mère fait du tricot
Le fils fait la guerre
Elle trouve ça tout naturel la mère
Et le père qu'est-ce qu'il fait le père?
Il fait des affaires
Sa femme fait du tricot
Son fils la guerre
Lui des affaires
Il trouve ça tout naturel le père
Et le fils et le fils
Qu'est-ce qu'il trouve le fils?
Il ne trouve rien absolument rien le fils
Le fils sa mère fait du tricot son père des affaires lui la guerre
Quand il aura fini la guerre
Il fera des affaires avec son père
La guerre continue la mère continue elle tricote
Le père continue il fait des affaires
Le fils est tué il ne continue plus
Le père et la mère vont au cimetière
Ils trouvent ça tout naturel le père et la mère
La vie continue la vie avec le tricot la guerre les affaires
Les affaires la guerre le tricot la guerre
Les affaires les affaires et les affaires
La vie avec le cimetière.

Familliebild

D' Müeter was macht se sie strickt
De Sohn was macht'r er isch im Kriej
Diss findt sie ganz nadiirlich d'Müeter
Un de Vatter was macht 'r de Vatter?
Er macht G'schäftle
Sini Frau düet stricke
Siner Sohn isch im Kriej
Un er macht G'schäftle
Diss findt er ganz nadiirlich de Vatter
Un de Sohn de Sohn
Was findt er de Sohn?
Er findt nix gar nix de Sohn
De Sohn sini Müeder düet stricke siner Vatter
    macht G'schäftle un er isch im Kriej
Un wenn er mol mit'em Kriej fertig isch
Noh macht 'r Gschäftle mit sim Vatter
De Kriej geht witersch d' Müeter macht wi-
    tersch sie düet stricke
De Vatter macht witersch er macht G'schäftle
De Sohn isch g'falle er macht nimm' witersch
De Vatter un d'Müeter gehn uf de Kirichhoft
Sie finde diss nadiirlich de Vatter un d'Müeter
's Läwe geht witersch 's Läwe mit Stricket Kriej
    un G'schäftle
D'Gschäftle de Kriej 's Stricke de Kriej
D'Gschäftle d' Gschäftle un d'Gschäftle
's Läwe mit'em Kirichhoft.

Fiesta

Et les verres étaient vides
et la bouteille brisée
Et le lit était grand ouvert
et la porte fermée
Et toutes les étoiles de verre
du bonheur et de la beauté
resplendissaient dans la poussière
de la chambre mal balayée
Et j'étais ivre mort
et j'étais feu de joie
et toi ivre vivante
toute nue dans mes bras.

E Fescht

Un d'Gläser sinn läär g'sinn
un d'Flasch verschlaawe
Un 's Bett isch wit ufgedeckt g'sinn
un d'Deer züe
Un alli Sterne üs Glas
vum Glick un vun de Scheenheit
han g'funkelt im Staub
vum Zimmer wo nitt güet g'fäjt isch g'sinn
Un ich bin strackvoll g'sinn wie dot
un ich bin vor Freid ganz Fiir un Flamm g'sinn
un dü bisch voller Läwe g'sinn
ganz nacket in mine Ärm.

Il faut passer le temps

À Agnès Capri

On croit que c'est facile
de ne rien faire du tout
au fond c'est difficile
c'est difficile comme tout
il faut passer le temps
c'est tout un travail
il faut passer le temps
c'est un travail de titan

Ah !
du matin au soir
je ne faisais rien
rien
ah ! quelle drôle de chose
du matin au soir
du soir au matin
je faisais la même chose
rien !
je ne faisais rien
j'avais les moyens
ah ! quelle triste histoire
j'aurais pu tout avoir
oui
ce que j'aurais voulu
si je l'avais voulu

M'r müess d'Zit vertriiwe

an d'Agnès Capri

M'r meint es isch licht
gar nix ze mache
im Grund genumme isch's schwer
es isch schwer wie alles
m'r müess d'Zit vertriiwe
un diss isch schwer g'schafft
m'r müess d'Zit vertriiwe
es isch e Riese-n-arweit

O Je!
vun d's-morjes bis d's-oweds
haw-ich nix gemacht
nix
o Je! isch diss nitt komisch
vun d's-morjes bis d's-oweds
vun d's-oweds bis d's-morjes
haw-ich 's selwe gemacht
nix!
ich hab nix gemacht
ich hab d'Mittel ghett dezüe
o Je! was fer e trüürigi G'schicht
ich hätt alles kennte han
ja
was ich gewott hätt
wenn ich 's gewott hätt

je l'aurais eu
mais je n'avais envie de rien
rien

Un jour pourtant je vis un chien
ce chien qui me plut je l'eus
c'était un grand chien
un chien de berger
mais la pauvre bête
comme elle s'ennuyait
s'ennuyait d'son maître
un vieil Écossais
j'ai acheté son maître
j'avais les moyens
ah !
quel drôle d'écho
oh !
quel drôle d'Écossais c'était
que le berger de mon chien
toute la journée il pleurait
toute la nuit il sanglotait
ah !
c'était tout à fait insensé
l'Écossais dépérissait
il ne voulait rien entendre
il parlait même de se pendre
j'aime mieux mes moutons
chantait-il en écossais
et le chien aboyait
en l'entendant chanter
j'avais les moyens
j'achetai les moutons
je les mis dans mon salon

hätt ich's g'kriejt
awwer ich hab Luscht nooch nix ghett
nooch nix

A- 'me scheene Daa awwer haw-ich e Hund gsähn
de Hund wo mir g'falle het haw-ich g'kriejt
es isch e grosser Hund gsinn
e Schäferhund
awwer diss arme Dierel
wil 's langi Zit het g'hett
langi Zit nooch sim Herr
e alter Schottländer
haw-ich siner Herr g'kauft
ich hab jo d'Mittel g'hett dezüe
o Je!
wie komisch heert sich diss an
oh!
was fer e komischer Schottländer isch diss g'sinn
de Schäfer vun mim Hund
de ganze Daa het er g'hilt
d'ganz Nacht het er g'schluchzt
o Je!
's isch züem verruckt-wäre g'sinn
de Schottländer isch als wenjer worre
er het sich nix inredde lonn
er het sich sogar ufhänke welle
Mini Schof sinn mir liewer
het er uf schottisch g'sunge
un de Hund het gebellt
wie-n-er 'ne het singe heere
ich hab d' Mittel g'hett dezüe
ich hab d'Schof g'kauft
ich hab se in miner Salon g'setzt

alors ils broutèrent mes tapis
et puis ils crevèrent d'ennui
et dans la tombe
l'Écossais les suivit
ah !
et le chien aussi

C'est alors que je partis en croisière

Pour-me-calmer-mes-petits-nerfs.

noh han sie uf mine Teppi geweidt
un sinn üs Langwil ball verreckt
un ins Grab
isch 'ne de Schottländer nooch
o Je!
un de Hund au

Dann bin ich furt un hab e Seefahrt gemacht

Fer-mini-Nerfle-ze-berüejige.

J'en ai vu plusieurs...

J'en ai vu un qui s'était assis sur le chapeau
d'un autre
il était pâle
il tremblait
il attendait quelque chose... n'importe quoi...
la guerre... la fin du monde...
il lui était absolument impossible de faire un
geste ou de parler
et l'autre
l'autre qui cherchait «son» chapeau était plus
pâle encore
et lui aussi tremblait
et se répétait sans cesse:
mon chapeau... mon chapeau...
et il avait envie de pleurer.
J'en ai vu un qui lisait les journaux
j'en ai vu un qui saluait le drapeau
j'en ai vu un qui était habillé de noir
il avait une montre
une chaîne de montre
un porte-monnaie
la légion d'honneur
et un pince-nez.
J'en ai vu un qui tirait son enfant par la main

Ich hab mehreri gsähn...

Ich hab einer gsähn wo sich uf de Hüet
    vu-me andere het g'setzt
er isch bleich gsinn
er het geriidert
er het uf ebbs gepasst... ganz egal uf was....
uf de Kriej... uf 's End vun de Welt...
er het sich einfach nitt beweeje kenne
nitt redde kenne
un de ander
de ander wo "siner" Hüet het gsüecht
    isch noch bleicher gsinn
un er het au geriidert
un het als furt vor sich her gsaat:
miner Hüet... miner Hüet...
un er hätt am liebschte hile mechte.
Ich hab einer gsähn wo d'Zitunge geläse het
ich hab einer gsähn wo de Fahne salütiert het
ich hab einer gsähn wo schwarz angezöje isch
    gsinn
er het e Ühr ghett
e Ührekett
e Geldsack
d'Légion d'honneur
un e Zwicker.
Ich hab einer gsähn wo sin Kind an de Hand
    noochg'schleift het

et qui criait...
j'en ai vu un avec un chien
j'en ai vu un avec une canne à épée
j'en ai vu un qui pleurait
j'en ai vu un qui entrait dans une église
j'en ai vu un autre qui en sortait...

un wo gebrielt het...
ich hab einer gsähn mit eme Hund
ich hab einer gsähn mit eme Stockdäje
ich hab einer gsähn wo ghilt het
ich hab einer gsähn wo in e Kirich nin isch
ich hab e-n-andere gsähn wo erüsg'komme isch...

Je suis comme je suis

Je suis comme je suis
Je suis faite comme ça
Quand j'ai envie de rire
Oui je ris aux éclats
J'aime celui qui m'aime
Est-ce ma faute à moi
Si ce n'est pas le même
Que j'aime chaque fois
Je suis comme je suis
Je suis faite comme ça
Que voulez-vous de plus
Que voulez-vous de moi

Je suis faite pour plaire
Et n'y puis rien changer
Mes talons sont trop hauts
Ma taille trop cambrée
Mes seins beaucoup trop durs
Et mes yeux trop cernés
Et puis après
Qu'est-ce que ça peut vous faire
Je suis comme je suis
Je plais à qui je plais
Qu'est-ce que ça peut vous faire
Ce qui m'est arrivé
Oui j'ai aimé quelqu'un

Ich bin wie ich bin

Ich bin wie ich bin
So bin ich halt
Wenn ich Luscht hab ze lache
Ja noh lach ich lüt
Ich hab denne lieb wo mich lieb het
Isch 's miner Fähler
Wenn's nitt immer deselb isch
Wo-n- ich jedsmol lieb hab
Ich bin wie ich bin
So bin ich halt
Was welle-n-ihr meh
Was welle-n-ihr vun mir

Ich bin gemacht fer ze gfalle
Ich kann nix dran ändere
Mini Stellele sinn ze hoch
Min Kriz isch ze hohl
Mini Brischt sinn viel ze satt
Un um d'Auwe haw ich ze viel Ring
Un dernoh
Was kann diss ejch üsmache
Ich bin wie ich bin
Ich gfall wem ich gfall
Was kann diss ejch üsmache
Was mir passiert isch
Ja ich hab ebber lieb ghett

Oui quelqu'un m'a aimée
Comme les enfants qui s'aiment
Simplement savent aimer
Aimer aimer...
Pourquoi me questionner
Je suis là pour vous plaire
Et n'y puis rien changer.

Ja ebber het mich lieb ghett
Wie d'Kinder wo sich lieb han
Einfach wisse lieb ze han
Lieb ze han lieb ze han
Worum mich üsfröje
Ich bin do fer ejch ze gfalle
Un ich kann nix dran ändere.

Jour de fête

Où vas-tu mon enfant avec ces fleurs
Sous la pluie

Il pleut il mouille
Aujourd'hui c'est la fête à la grenouille
Et la grenouille
C'est mon amie

Voyons
On ne souhaite pas la fête à une bête
Surtout à un batracien
Décidément si nous n'y mettons bon ordre
Cet enfant deviendra un vaurien
Et il nous en fera voir
De toutes les couleurs
L'arc-en-ciel le fait bien
Et personne ne lui dit rien
Cet enfant n'en fait qu'à sa tête
Nous voulons qu'il en fasse à la nôtre

Oh mon père !
Oh ma mère !
Oh grand oncle Sébastien !

Feschtdaa

Wo gehsch denn anne min Kind mit denne Blüeme
Underem Räje

Es räjt 's wurd alles nass
Hit isch im Frosch sin Fescht
Un de Frosch
Isch miner Frind

Iwwerlaj dir 's doch
M'r grateliert doch nitt i'me Stickel Vieh züem
    Feschtdaa
Erscht recht nitt i-me Lurich
Wenn mir do nitt richtig Ordnung schaffe
Wurd üs dem Kind ganz sicher e Nixnutz
Es wurd uns ebbs ufzerote genn
un uns ebbs in alle Farwe vorspiejle
D'r Räjeböje macht 's jo eso
Un niemes saat ebbs
Diss Kind macht numme sim Kopf nooch
Un mir welle dass es unserem noochmacht

O liewer Vatter!
O liewi Müeter!
O Grossunkel Sebaschtian!

Ce n'est pas avec ma tête
Que j'entends mon cœur qui bat
Aujourd'hui c'est jour de fête
Pourquoi ne comprenez-vous pas
Oh ! ne me touchez pas l'épaule
Ne m'attrapez pas par le bras
Souvent la grenouille m'a fait rire
Et chaque soir elle chante pour moi
Mais voilà qu'ils ferment la porte
Et s'approchent doucement de moi
Je leur crie que c'est jour de fête
Mais leur tête me désigne du doigt.

Ich heer doch nitt mit minem Kopf
Wie 's Herz mins schlaat
Hit isch doch Feschtdaa
Verstehn ihr diss nitt
O! riehre mich jo nitt an de Achsel an
Fasse mich jo nitt am Arm an
Efters het mich de Frosch lache mache
Un jede-n-Owe singt er fer mich
Jetz awwer wurd d'Deer züegemacht
Un sachte komme sie uf mich züe
Ich briel 'ne ins G'sicht dass hit Feschtdaa isch
Ihre Kopf awwer dit mit 'em Finger uf mich.

L'automne

Un cheval s'écroule au milieu d'une allée
Les feuilles tombent sur lui
Notre amour frissonne
Et le soleil aussi.

's Spotjohr

E Ross brecht z'samme mittle in ere Allee
D'Blätter falle uf 's
Unseri Lieb schückert sich
Un d' Sunn sich au.

L'école des beaux-arts

Dans une boîte de paille tressée
Le père choisit une petite boule de papier
Et il la jette
Dans la cuvette
Devant ses enfants intrigués
Surgit alors
Multicolore
La grande fleur japonaise
Le nénuphar instantané
Et les enfants se taisent
Émerveillés
Jamais plus tard dans leur souvenir
Cette fleur ne pourra se faner
Cette fleur subite
Faite pour eux
À la minute
Devant eux.

D'Kunschtgewerweschüel

In ere Lad üs g'flochtenem Stroh
Schwasiert de Vatter e Papierbellele
Un schmisst 's
In d' Schissel
Vor sine Kinder wo stüne
Taucht noh uf einmol
Vielfarwig
D'gross japanisch Blüem uf
D'blitzartig Wasserros
Un d'Kinder sinn still
Verwundert
Später in ihre Erinnerunge
Wurd die Blüem nie verblieje
Die blitzartig Blüem
Fer sie gemacht
Uf d'Minüt
Vor ihne.

L'enfance

Oh comme elle est triste l'enfance
La terre s'arrête de tourner
Les oiseaux ne veulent plus chanter
Le soleil refuse de briller
Tout le paysage est figé

La saison des pluies est finie
La saison des pluies recommence
Oh comme elle est triste l'enfance
La saison des pluies est finie
La saison des pluies recommence

Et les vieillards couleur de suie
S'installent avec leurs vieilles balances
Quand la terre s'arrête de tourner
Quand l'herbe refuse de pousser
C'est qu'un vieillard a éternué

Tout ce qui sort de la bouche des vieillards
Ce n'est que mauvaises mouches vieux corbillards
Oh comme elle est triste l'enfance
Nous étouffons dans le brouillard
Dans le brouillard des vieux vieillards

Et quand ils retombent en enfance
C'est sur l'enfance qu'ils retombent

D'Kindheit

O wie trüürig isch doch d'Kindheit
D'Erd heert uf sich ze dräje
D'Vejel welle nimmeh singe
D'Sunn will einfach nimmeh schine
D' ganz Landschaft isch stif un starr

D'Johrszit vom Räje isch erum
D'Johrszit vom Räje fangt widder an
O wie trüürig isch doch d'Kindheit
D'Johrszit vom Räje isch erum
D'Johrszit vom Räje fangt widder an

Un d'alte Männer wie verrüest
Nemme Platz mit ihre alte Wööje
Wenn d'Erd ufheert sich ze dräje
Wenn 's Gras einfach nimmeh wachse will
Isch's wil e alter Mann het müen niese

Alles was de alte Männer üs 'm Mül erüskommt
Sinn numme beesi Mucke alti Dotewäje
O wie trüürig isch doch d'Kindheit
Mir versticke im Näwwel
Im Näwwel von de üralte Männer.

Un wenn sie widder kindisch wäre
Komme sie widder uf d'Kindheit zeruck

Et comme l'enfance est sans défense
C'est toujours l'enfance qui succombe

Oh comme elle est triste
Triste triste notre enfance
La saison des pluies est finie
La saison des pluies recommence.

Un wil d'Kindheit schutzlos isch
Isch 's allewil d'Kindheit wo umkommt

O wie trüürig isch sie
Trüürig, trüürig unseri Kindheit
D'Johrszit vom Räje isch erum
D'Johrszit vom Räje fangt widder an.

La grasse matinée

Il est terrible
le petit bruit de l'œuf dur cassé sur un
comptoir d'étain
il est terrible ce bruit
quand il remue dans la mémoire de l'homme
qui a faim
elle est terrible aussi la tête de l'homme
la tête de l'homme qui a faim
quand il se regarde à six heures du matin
dans la glace du grand magasin
une tête couleur de poussière
ce n'est pas sa tête pourtant qu'il regarde
dans la vitrine de chez Potin
il s'en fout de sa tête l'homme
il n'y pense pas
il songe
il imagine une autre tête
une tête de veau par exemple
avec une sauce au vinaigre
ou une tête de n'importe quoi qui se mange
et il remue doucement la mâchoire
doucement
et il grince des dents doucement
car le monde se paye sa tête
et il ne peut rien contre ce monde
et il compte sur ses doigts un deux trois

Am Morje üsschlofe

Schrecklich isch
's Krächle vum harte Ei wo m'r uf eme Zinn-
  Comptoir ufschlaat
schrecklich isch diss Krächle
wenn 's wiehlt im Gedächtnis vum Mann wo
  Hunger het
schrecklich isch au de Kopf vum Mann
de Kopf vum Mann wo Hunger het
wenn er sich betracht d's-morjes am sechse
in de Schaufenschterschiib vum grosse G'schäft
e Kopf gälgröi wie Staub
un doch isch 's nitt siner Kopf wo er betracht
im Schaufenschter vum Potin
er pfift uf sine Kopf de Mann
er denkt nitt dran
er traimt
er stellt sich e-n-andere Kopf vor
e Kalbskopf züem Beispiel
mit ere Vinägrett
odder sunscht e Kopf wo m'r esse kann
un er beweejt sachte de Kiffer
ganz sachte
un er krixt sachte mit de Zähn
denn d'Welt lacht 'ne üs
un geje die Welt kann er nix mache
un er zählt uf sine Finger eins zwei drej

un deux trois
cela fait trois jours qu'il n'a pas mangé
et il a beau se répéter depuis trois jours
Ça ne peut pas durer
ça dure
trois jours
trois nuits
sans manger
et derrière ces vitres
ces pâtés ces bouteilles ces conserves
poissons morts protégés par les boîtes
boîtes protégées par les vitres
vitres protégées par les flics
flics protégés par la crainte
que de barricades pour six malheureuses
sardines...
Un peu plus loin le bistrot
café-crème et croissants chauds
l'homme titube
et dans l'intérieur de sa tête
un brouillard de mots
un brouillard de mots
sardines à manger
œuf dur café crème
café arrosé rhum
café-crème
café-crème
café-crime arrosé sang !...
Un homme très estimé dans son quartier
a été égorgé en plein jour
l'assassin le vagabond lui a volé
deux francs
soit un café arrosé

eins zwei drej
sither drej Däj het er nix g'esse
un wenn er sich immer widder vorsaat sither drej Däj
Diss kann nimm' so witerschgehn
diss geht eso drej Däj jetz schunn
drej Däj
drej Näächt
ohne ze esse
un hinter denne Schiiwe
die Paschtete die Flasche die Konserve
doti Fisch g'schitzt durch d' Bichse
Bichse g'schitzt durch d' Schiiwe
Schiiwe g'schitzt vun de Blejeles
Blejeles g'schitzt durch d' Angscht
so viel Barrikade fer sechs rüdigi Sardinle...
E bissel witersch 's Wirtshüs
Kaffee mit Rahm un warmi Hernle
de Mann wackelt
un in sim Kopf drinne
viel Werter im Näwwel
viel Werter im Näwwel
Sardinle ze esse
harts Ei Kaffee mit Rahm
Kaffee mit Rhum
Kaffee mit Rahm
Kaffee mit Rahm
Kaffee mit Mord un Blüet!...
E Mann güet angsähn in sim Viertel
isch am heiterhelle Daa verwurigt worre
De Merder de Strolich het ihm
zwei Franke g'stohle
diss heisst e Kaffee mit Schnaps

zéro franc soixante-dix
deux tartines beurrées
et vingt-cinq centimes pour le pourboire du
garçon
Il est terrible
le petit bruit de l'œuf dur
cassé sur un comptoir d'étain
il est terrible ce bruit
quand il remue dans la mémoire
de l'homme qui a faim.

siwwezig Centimes
zwei Butterfläde
un finfezwanzig Centimes 's Trinkgeld fer de
Kellner
Schrecklich isch
's Krächle vum harte Ei
wo uf'm Zinn-Comptoir ufg'schlaawe wurd
schrecklich isch diss Krächle
wenn 's wiehlt im Gedächtnis
vum Mann wo Hunger het.

Le cancre

Il dit non avec la tête
mais il dit oui avec le cœur
il dit oui à ce qu'il aime
il dit non au professeur
il est debout
on le questionne
et tous les problèmes sont posés
soudain le fou rire le prend
et il efface tout
les chiffres et les mots
les dates et les noms
les phrases et les pièges
et malgré les menaces du maître
sous les huées des enfants prodiges
avec des craies de toutes les couleurs
sur le tableau noir du malheur
il dessine le visage du bonheur...

De Fülpelz

Er saat nein mit'em Kopf
awwer er saat ja mit'em Herz
er saat ja züe dem was er gern het un macht
er saat nein im Professer
er steht ufrecht
er wurd üsg'fröjt
un allerhand Problemer werre'm g'stellt
uf einmol packt'ne de Lachkrampf
un er wischt alles üs
d'Zahle un d'Werter
d'Date un d'Nämme
d'Sätz un d' Falle
un trotz 'em Schüelmeischter wo droht
unterm G'schrej vun de Wunderkinder
molt er mit Kride vun alle Farwe
uf d' schwarz Dafel vum Unglick
's G'sicht vum Glick...

Le chat et l'oiseau

*Un village écoute désolé
Le chant d'un oiseau blessé
C'est le seul oiseau du village
Et c'est le seul chat du village
Qui l'a à moitié dévoré
Et l'oiseau cesse de changer
Le chat cesse de ronronner
Et de se lécher le museau
Et le village fait à l'oiseau
De merveilleuses funérailles
Et le chat qui est invité
Marche derrière le petit cercueil de paille
Où l'oiseau mort est allongé
Porté par une petite fille
Qui n'arrête pas de pleurer
Si j'avais su que cela te fasse tant de peine
Lui dit le chat
Je l'aurais mangé tout entier
Et puis je t'aurais raconté
Que je l'avais vu s'envoler
S'envoler jusqu'au bout du monde
Là-bas où c'est tellement loin
Que jamais on n'en revient
Tu aurais eu moins de chagrin
Simplement de la tristesse et des regrets*

Il ne faut jamais faire les choses à moitié.

D'Katz un 's Vejele

E Dorf heert verzwiifelt
Im Gsang vu'me verletzte Vejele züe
's isch 's einzigscht Vejele vum Dorf
Un 's isch d'einzigscht Katz vum Dorf
Wo 's halwer g'fresse het
Un 's Vejele heert uf ze singe
D'Katz heert uf ze schnurre
Un sich 's Schniffele abzeschlecke
Un 's Dorf macht im Vejele
E wunderscheeni Licht
Un d'Katz wo dezu ingelade worre-n-isch
Lauft hinterem Strohsärichel her
Wo 's dote Vejele drinne lejt
Getraawe vu'me Maidele
Wo nitt ufheert ze hile
Wenn ich gewisst hätt dass es dir so weh macht
Saat d'Katz züe 'm
Hätt ich 's ganz g'fresse
Un hätt dir noh verzählt
Dass ich 's hab sähn furtflieje
Furtflieje bis an 's End vun de Welt
Dort anne wo's eso wit isch
Dass m'r nie widder zeruck kommt
Hättsch wenjer Kummer ghett
Wärtsch numme trüürig g'sinn, hättsch 's
numme bedüürt
Wenn m'r ebbs macht soll m'r 's ganz mache
nitt numme halwer.

Le cours de la vie

Dans douze châteaux acquis
pour douze bouchées de pain
douze hommes sanglotent de haine
dans douze salles de bains
Ils ont reçu le mauvais câble
la mauvaise nouvelle du mauvais pays
Là-bas un indigène
debout dans sa rizière
a jeté vers le ciel
d'un geste dérisoire
une poignée de riz.

De Läweslauf

In zwelef Schlesser erworwe
fer zwelef Bisse Brot
hile vor Hass zwelef Männer
in zwelef Badzimmer
Sie han 's letze Telegramm g'kriejt
d'schlächt Noochricht üs 'm letze Land
Dort het e Ingeborener
ufrecht in sim Risfeld
mit ere lächerlich einfache Beweejung
im Himmel züe
e Hampfel Ris geworfe.

Le gardien du phare aime trop les oiseaux

Des oiseaux par milliers volent vers les feux
par milliers ils tombent par milliers ils se cognent
par milliers aveuglés par milliers assommés
par milliers ils meurent

Le gardien ne peut supporter des choses pareilles
les oiseaux il les aime trop
alors il dit Tant pis je m'en fous !

et il éteint tout

Au loin un cargo fait naufrage
un cargo venant des îles
un cargo chargé d'oiseaux
des milliers d'oiseaux des îles
des milliers d'oiseaux noyés.

De Wächter vum Laichtturm het d'Vejel züe lieb

Döisigwiis flieje Vejel de Liechter entgeje
döisigwiis renne se an un döisigwiis stirze se ab
döisigwiis verblendt döisigwiis abgeprallt
döisigwiis sterwe se

De Wächter bringt so ebbs nitt iwwer 's Herz
d'Vejel het er züe lieb
noh saat er Kommt 's wie 's will 's isch mir
Wurscht!
un er macht alli Liechter üs

In de Wite geht e Schiff unter
e Schiff wo vun de Insle kommt
e Schiff mit Vejel gelade
döisigi vun Vejel üs de Insle
döisigi vun Vejel wo versoffe sinn.

Le jardin

Des milliers et des milliers d'années
Ne sauraient suffire
Pour dire
La petite seconde d'éternité
Où tu m'as embrassé
Où je t'ai embrassée
Un matin dans la lumière de l'hiver
Au Parc Montsouris à Paris
À Paris
Sur la terre
La terre qui est un astre.

De Garte

Döisigi un döisigi vun Johre
Däte nitt lange
Fer diss ze schildere
Die kurz Sekund Ewichkeit
Wo dü mich verschmutzt hesch
Wo ich dich verschmutzt hab
A' me Morje im Liecht vum Winter
Im Parc Montsouris in Paris
In Paris
Uf de Erd
D'Erd wo e Stern doch isch.

Le matin

Cri du coq
Chant du cygne de la nuit
Monocorde et fastidieux message
Qui me crie
Aujourd'hui ça recommence
Aujourd'hui encore aujourd'hui
Je n'entends pas ta romance
Et je fais la sourde oreille
Et je n'écoute pas ton cri
Pourtant je me lève de bonheur
Presque tous les jours de ma vie
Et j'égorge en plein soleil
Les plus beaux rêves de mes nuits.

Am Morje

’s Kräje vum Gückelhahn
Schwanegsang in de Nacht
Einteenigi un langwiligi Meldung
Wo mir in d’Ohre krïscht
Hit fangt’s widder an
Hit un noch emol hit
Din Lied wo verlockt heer ich nitt
Ich hebb d’Ohre züe
Ich horich nitt uf din Kräje
Un trotzdem steh ich friej uf
Fascht jede Daa vun mim Läwe
Un ich verwurri in de grell Sunn
D’scheenschte Traim vun mine Näächt.

Le miroir brisé

Le petit homme qui chantait sans cesse
le petit homme qui dansait dans ma tête
le petit homme de la jeunesse
a cassé son lacet de soulier
et toutes les baraques de la fête
tout d'un coup se sont écroulées
et dans le silence de cette fête
dans le désert de cette tête
j'ai entendu la voix heureuse
ta voix déchirée et fragile
enfantine et désolée
venant de loin et qui m'appelait
et j'ai mis ma main sur mon cœur
où remuaient
ensanglantés
les sept éclats de glace de ton rire étoilé.

De gebroche Spiejel

De klein Mann wo nitt ufg'heert het ze singe
de klein Mann wo in mim Kopf gedanzt het
de klein Mann üs de Jugendzit
het siner Schüehbändel verrisse
un alli Baracke vum Fescht
sinn uf einmol z'sammeg'hejt
un in de Stille vun dem Fescht
in de Wüüschte vun dem Kopf
haw ich dini glicklich Stimm g'heert
dini Stimm gebroche un empfindlich
kindlich un untreeschtlich
wo vun witem isch g'komme un mich gerüefe
het
un ich hab mini Hand uf min Herz gelajt
wo blüetig
g'schwappelt han
d'siwwe Glassplitter vun dim sternehelle Lache.

Le ruisseau

Beaucoup d'eau a passé sous les ponts
et puis aussi énormément de sang
Mais aux pieds de l'amour
coule un grand ruisseau blanc
Et dans les jardins de la lune
où tous les jours c'est la fête
ce ruisseau chante en dormant
Et cette lune c'est ma tête
où tourne un grand soleil bleu
Et ce soleil c'est tes yeux.

De Bach

Viel Wasser isch unter de Brucke durich
un denoh au ferichterlich viel Blüet
Awwer an de Fiess vun de Lieb verbi
lauft e grosser wïsser Bach
Un in de Gärte vum Mond
wo alle Daa din Fescht g'fiirt wurd
singt der Bach iwwer'm Schlofe
Un der Mond diss isch miner Kopf
wo e grossi blöüi Sunn sich drinne dräjt
Un die Sunn diss sinn dini Auwe.

Le temps haletant

Émerveillé de tout ne s'étonnant jamais de rien
une fillette chantait
suivant les saisons suivant son chemin

Quand les oignons me feront rire
les carottes me feront pleurer
l'âne de l'alphabet a su m'apprendre à lire
à lire pour de vrai

Mais une manivelle a défait le printemps
et des morceaux de glace lui ont sauté à la
figure

J'ai trop de larmes pour pleurer
ils font la guerre à la nature
Moi qui tutoyais le soleil
je n'ose plus le regarder en face.

D' Zit wo üsser Odem isch

Verwundert iwwer alles nie vun ebbs
iwwerrascht
het a Maidel g'sunge
je nooch de Johrszit je nooch sim Wäj

Wenn mich d'Ziwwle emol mache lache
noh mache mich d'Gällerüewe hile
im Alphabet siner Essel het wisse mich läse ze
lehre
wajer richtig läse

Awwer e Kurwel het 's Friejjohr verhunzt
un Isstickle sinn em in 's Gsicht g'spritzt

Ich hab viel ze viel Träne fer ze hile
sie kämpfe geje d' Natür
Un ich wo d'Sunn gedüzt hab
ich troi ihre nimmi in 's Gsicht lüeje.

Le tendre et dangereux visage de l'amour

Le tendre et dangereux
visage de l'amour
m'est apparu un soir
après un trop long jour
C'était peut-être un archer
avec son arc
ou bien un musicien
avec sa harpe
Je ne sais plus
Je ne sais rien
Tout ce que je sais
c'est qu'il m'a blessée
peut-être avec une flèche
peut-être avec une chanson
Tout ce que je sais
c'est qu'il m'a blessée
blessée au cœur
et pour toujours
Brûlante trop brûlante
blessure de l'amour.

's zarte un g'fährliche G'sicht vun de Lieb

's zarte un g'fährliche
G'sicht vun de Lieb
isch mir erschinne a'me-n-Owe
nooch eme züe lange Daa
's isch villicht e Schitz g'sinn
mit sinem Schiessböje
odder e Müsikant
mit sinere Harf
Ich weiss es nimm'
Ich weiss nix
Alles was ich weiss
er het mich verwundt
villicht mit eme Pfil
villicht mit eme Lied
Alles was ich weiss
er het mich verwundt
verwundt am Herz
un fer immer
die Wund vun de Lieb,
sie brennt züe arig brennt.

Les enfants qui s'aiment

Les enfants qui s'aiment s'embrassent debout
Contre les portes de la nuit
Et les passants qui passent les désignent du doigt
Mais les enfants qui s'aiment
Ne sont là pour personne
Et c'est seulement leur ombre
Qui tremble dans la nuit
Excitant la rage des passants
Leur rage leur mépris leurs rires et leur envie
Les enfants qui s'aiment ne sont là pour personne
Ils sont ailleurs bien plus loin que la nuit
Bien plus haut que le jour
Dans l'éblouissante clarté de leur premier amour.

D'Kinder wo sich lieb han

D'Kinder wo sich lieb han schmüse ufrecht
Angelehnt an de Deere vun de Nacht
Un d'Füessgänger wo verbigehn dite uf sie
Awwer d'Kinder wo sich lieb han
Sinn fer niemes do
Es isch numme ihre Schatte
Wo in de Nacht zittert
Un wo in de Füessgänger ihre Wuet ufpeitscht
Ihre Wüet ihri Verachtung ihr Lache un ihre Niid
D'Kinder wo sich lieb han sinn fer niemes do
Sie sinn irjeds andersch viel witersch ass
d'Nacht
Viel heecher ass de Daa
In de blendend Helle vun ihre erschte Lieb.

Les noces

Une femme se jette dans une rivière
Cette rivière se jette dans un fleuve
Un homme se jette dans ce fleuve
Et ce fleuve se jette dans la mer
Et la mer rejette sur la terre
Une pipe d'écume
Et la dentelle blanche de ses vagues étalées
Qui brille sous la lune
C'est la robe de la mariée
Simples cadeaux de noces de la grande marée.

D'Hochzit

E Frau werft sich in e Bach
De Bach werft sich in e Fluss
E Mann werft sich in denne Fluss
Un de Fluss werft sich in 's Meer
Un 's Meer werft uf d'Erd zeruck
E Pfif üs Meerschüm
Un d'wisse Spitze vun sine üsgebreite Welle
Wo unterm Mond schine
Diss isch de Rock vun de Hochzitere
Einfachi Hochzitsgschenkle vun de grosse
Flüet.

Les oiseaux du souci

Pluie de plumes plumes de pluie
Celle qui vous aimait n'est plus
Que me voulez-vous oiseaux
Plumes de pluie pluie de plumes
Depuis que tu n'es plus je ne sais plus
Je ne sais plus où j'en suis
Pluie de plumes plumes de pluie
Je ne sais plus que faire
Suaire de pluie pluie de suie
Est-ce possible que jamais plus
Plumes de suie... Allez ouste dehors hirondelles
Quittez vos nids... Hein? Quoi? Ce n'est pas la
saison des voyages?...
Je m'en moque sortez de cette chambre
hirondelles du matin
Hirondelles du soir partez... Où? Hein? Alors
restez
c'est moi qui m'en irai...
Plumes de suie suie de plumes je m'en irai
nulle part
et puis un peu partout
Restez ici oiseaux du désespoir
Restez ici... Faites comme chez vous.

Sorjevejel

Räje vun Fäddere un Fäddere wie Räje
Die wo ejch lieb het ghett läbt nimm'
Was welle-n-ihr vun mir Vejel
Fäddere wie Räje un Räje vun Fäddere
Sither dass dü nimm' läbsch weiss ich nimm'
Weiss ich nimm' wo ich dran bin
Räje vun Fäddere un Fäddere wie Räje
Ich weiss nimm' was mache
Schweissdüech voll Räje Räje vun Rüess
Isch diss mejlich dass niemols meh
Fäddere voll Rüess... Hopp nüs mit ejch
Schwälmle
Verlonn ejri Neschter... Hä? Was? Es isch nitt
d'Johrszit
wo m'r reist?...
Diss isch mir egal züem Zimmer nüs
Morjeschwälmle
Verschwinde Oweschwälmle... Wo anne? Hä?
Noh bliiwe halt
Noh geh ich ewwe...
Fäddere voll Rüess Rüess vun Fäddere ich geh
nierjeds anne
doch au e bissel iwweral anne
Bliiwe do Vejel vun de Verzwiiflung
Bliiwe do... Mache grad wie wenn ihr d'heim
wärte.

Ma petite lionne

Ma petite lionne
je n'aimais pas que tu me griffes
et je t'ai livrée aux chrétiens
Pourtant je t'aimais bien
Je voudrais que tu me pardonnes
ma petite lionne.

Liewi kleini Lewin

Liewi kleini Lewin
ich hab mich nitt gern vun dir kramme lonn
un ich hab dich de Chrischte üsgeliffert
Un doch haw ich dich gern g'hett
Ich wott dass dü mir verzejsch
liewi kleini Lewin.

Maintenant j'ai grandi

Enfant
j'ai vécu drôlement
le fou rire tous les jours
le fou rire vraiment
et puis une tristesse tellement triste
quelquefois les deux en même temps
Alors je me croyais désespéré
Tout simplement je n'avais pas d'espoir
je n'avais rien d'autre que d'être vivant
j'étais intact
j'étais content
et j'étais triste
mais jamais je ne faisais semblant
Je connaissais le geste pour rester vivant
Secouer la tête
pour dire non
secouer la tête
pour ne laisser entrer les idées des gens
Secouer la tête pour dire non
et sourire pour dire oui
oui aux choses et aux êtres
aux êtres et aux choses à regarder à caresser
à aimer
à prendre ou à laisser

Mittlerwil bin ich gewachse

Wie ich e Kind bin gsinn
haw ich komisch geläbt
alle Daa haw ich gekïttert
wajer gekïttert
un noh bin ich trüürig gsinn wajer trüürig
manichmol beides ze glicher Zit
Noh bin ich mir verzwifelt vorg'komme
Ich hab einfach ken Hoffnung meh ghett
ich bin numme noch lawendi gsinn nitt meh
ich bin noch ganz gsinn
ich bin froh gsinn
un ich bin trüürig gsinn
awwer nie haw ich mich verstellt
ich hab gewisst was mache fer lawendig ze bliiwe
De Kopf schittle
fer nein ze saawe
de Kopf schittle
fer nitt de Lit ihri Ideë erinzelonn
De Kopf schittle fer nein ze saawe
un schmunzle fer ja ze saawe
ja im Dings un in de Mensche
in de Mensche un im Dings wo m'r betrachte
    un strichle soll
wo m'r lieb kann han
wo m'r nemme soll odder falle kann lonn

J'étais comme j'étais
sans mentalité
Et quand j'avais besoin d'idées
pour me tenir compagnie
je les appelais
Et elles venaient
et je disais oui à celles qui me plaisaient
les autres je les jetais

Maintenant j'ai grandi
les idées aussi
mais ce sont toujours de grandes idées
de belles idées
d'idéales idées
Et je leur ris toujours au nez
Mais elles m'attendent
pour se venger
et me manger
un jour où je serai très fatigué
Mais moi au coin d'un bois
je les attends aussi
et je leur tranche la gorge
je leur coupe l'appétit.

Ich bin halt gsinn so wie ich bin gsinn
ohne so odder so ze denke
Un wenn ich Ideë gebrücht hab
fer mir G'sellschaft ze leischte
haw ich sie gerüefe
Un sie sinn g'komme
un ich hab denne wo mir g'falle han ja g'saat
d'andere haw ich nüsg'schmisse

Mittlerwil bin ich gewachse
d'Ideë au
es sinn awwer allewil grossi Ideë scheeni Ideë
ideali Ideë
Un ich lach'ne allewil in 's G'sicht
Awwer sie warte uf mich
fer sich ze räche
un mich ze fresse
am Daa wo ich arig mied wurr sinn
A-me Waldeck awwer
wart ich au uf sie
un ich schniid'ne d'Gurigel durich
ich verderb 'ne de Appetit.

Noël des ramasseurs de neige (Quand elle tombe à Noël)

Nos cheminées sont vides
nos poches retournées
ohé ohé ohé
nos cheminées sont vides
nos souliers sont percés
ohé ohé ohé
et nos enfants livides
dansent devant nos buffets
ohé ohé ohé

Et pourtant c'est Noël
Noël qu'il faut fêter
Fêtons fêtons Noël
ça se fait chaque année
Ohé la vie est belle
Ohé joyeux Noël
Mais v'là la neige qui tombe
qui tombe de tout en haut
Elle va se faire mal
en tombant de si haut
ohé ohé ého
Pauvre neige nouvelle
courons courons vers elle
courons avec nos pelles
courons la ramasser

D' Wihnachte vun de Schneeschüfler
(Wenn's an de Wihnachte schnejt)

Unseri Kaminer sinn läär
unseri Säck sinn letz-erum
ohee ohee ohee
unseri Kaminer sinn läär
unseri Schüej han Lecher
ohee ohee ohee
un unseri bleiche Kinder
danze vor unsere Känschterle
ohee ohee ohee

's isch awwer trotzdem Wihnachte
Wihnachte wo g'fiirt soll wäre
Fiire m'r fiire m'r Wihnachte
diss isch alle Johr eso
Juchhee 's Läwe isch scheen
Juchhee frohi Wihnachte
Jetz awwer fallt Schnee
wo fallt von ganz owwe runter
Er wurd sich weh mache
wenn 'r vun so hoch owwe runter fallt
ohee ohee ehoo
Armer nejer Schnee
springe m'r springe m'r -em entgeje
springe m'r mit unsere Schüfle
springe m'r fer 'ne ufzeschüfle

puisque c'est notre métier
obé obé obé

Jolie neige nouvelle
toi qu'arrives du ciel
dis-nous dis-nous la belle
Obé obé obé
Quand est-ce qu'à Noël
tomberont de là-haut
des dindes de Noël
avec leurs dindonneaux
obé obé ébo!

wil's unsere Berüef isch
ohee ohee ohee

Scheener frischer Schnee
dü wo vum Himmel runter kommsch
saa uns saa uns dü scheener Liewer
Ohee ohee ohee
Wann falle emol an Wihnachte
vun do owwe erunter
Wihnachtswelschhiehner
mit ihre Welschhiehnle
ohee ohee ehoo!

Nuages

Je suis allée chercher mon tricot de laine et le
chevreau m'a suivie
le gris
il ne se méfie pas comme le grand
il est encore trop petit

Elle était toute petite aussi
mais quelque chose en elle parlait déjà vieux
comme le monde
Déjà
elle savait des choses atroces
par exemple
qu'il faut se méfier
Et elle regardait le chevreau et le chevreau la
regardait
et elle avait envie de pleurer
Il est comme moi
dit-elle
un peu triste et un peu gai
Et puis elle eut un grand sourire
et la pluie se mit à tomber.

Wolike

Ich hab min Wollschillee gholt un 's Zickele
isch mir noochgezottelt
's gröüi
es isch nitt misströisch wie 's grosse
es isch noch ze klein

Sie isch au ganz klein g'sinn
awwer ebbs in ire het schunn alt gereddt so
alt wie d'Welt
Schunn
het sie schrecklichi Sache gewisst
züem Beispiel
dass m'r sich in Acht soll nemme
Un sie het 's Zickele angelüejt un 's Zickele
het sie angelüejt
un sie het grad hile mechte
Es isch wie ich
het se g'saat
e bissel trüürig e bissel luschtig
Un noh isch ihre e grosses Lächle iwwer 's
G'sicht
un 's het ang'fange ze räje.

Page d'écriture

Deux et deux quatre
quatre et quatre huit
huit et huit font seize
Répétez ! dit le maître
Deux et deux quatre
quatre et quatre huit
huit et huit font seize
Mais voilà l'oiseau lyre
qui passe dans le ciel
l'enfant le voit
l'enfant l'entend
l'enfant l'appelle
Sauve-moi
joue avec moi
oiseau !
Alors l'oiseau descend
et joue avec l'enfant
Deux et deux quatre...
Répétez ! dit le maître
et l'enfant joue
l'oiseau joue avec lui...
Quatre et quatre huit
huit et huit font seize
et seize et seize qu'est-ce qu'ils font ?
Ils ne font rien seize et seize
et surtout pas trente-deux

E Sit G'schriwwenes

Zwei un zwei isch vier
vier un vier acht
acht un acht sechzehn
Noch emol! saat de Lehrer
Zwei un zwei isch vier
vier un vier acht
acht un acht sechzehn
Jetz awwer fliejt de Dichter ihre Vöjel
grad am Himmel durich
's Kind sieht 'ne
's Kind heert 'ne
's Kind rüeft 'ne
Rett mich
spiel mit mir
Vöjel!
Noh kommt de Vöjel runter
un spielt mit 'em Kind
Zwei un zwei isch vier...
Noch emol! saat de Lehrer
un 's Kind spielt
de Vöjel spielt mit im...
Vier un vier isch acht
acht un acht sechzehn
un sechzehn un sechzehn wieviel isch diss?
Gar nix isch sechzehn un sechzehn
un erscht recht nitt zweiedrissig

de toute façon
et ils s'en vont.
Et l'enfant a caché l'oiseau
dans son pupitre
et tous les enfants
entendent sa chanson
et tous les enfants
entendent la musique
et huit et huit à leur tour s'en vont
et quatre et quatre et deux et deux
à leur tour fichent le camp
et un et un ne font ni une ni deux
un à un s'en vont également.
Et l'oiseau lyre joue
et l'enfant chante
et le professeur crie:
Quand vous aurez fini de faire le pitre!
Mais tous les autres enfants
écoutent la musique
et les murs de la classe
s'écroulent tranquillement.
Et les vitres redeviennent sable
l'encre redevient eau
les pupitres redeviennent arbres
la craie redevient falaise
le porte-plume redevient oiseau.

sowieso
un sie verschwinde
Un 's Kind het de Vöjel versteckelt
in sinem Pult
un alli Kinder
heere sin Lied
un alli Kinder
heere d' Müsik
un acht un acht verschwinde jetz au
un vier un vier un zwei un zwei
verschwinde noh au
un eins uns eins ruck-zuck
einer nooch-em andere verschwinde au.
Un de Dichter ihre Vöjel spielt
un 's Kind singt
un de Professer brielt:
Sinn ihr jetz ball ferti Käschperles ze spiele!
Awwer alli andere Kinder
horiche de Müsik züe
un d'Wänd vun de Klass
falle langsam z'samme.
Un d'Schiiwe werre widder ze Sand
d' Tinte wurd widder ze Wasser
d'Schüelbänk werre widder ze Baim
d'Kriid wurd widder züe -'re Felsewand
de Fädderhalter wurd widder züe -'me Vöjel.

Paris at night

Trois allumettes une à une allumées dans la nuit
La première pour voir ton visage tout entier
La seconde pour voir tes yeux
La dernière pour voir ta bouche
Et l'obscurité tout entière pour me rappeler tout cela
En te serrant dans mes bras.

Paris bi Nacht

Drej Schwäwehelzle eins nooch 'em andere in
de Nacht angezunde
's erscht fer din G'sicht ganz ze sähn
's zweit fer dini Auwe ze sähn
's letscht fer din Mül ze sähn
Noh d' ganz Finschternis fer mich an diss alles
ze erinnere
D'rwilscht ich dich umarm un druck.

Pour faire le portrait d'un oiseau

À Elsa Henriquez

Peindre d'abord une cage
avec une porte ouverte
peindre ensuite
quelque chose de joli
quelque chose de simple
quelque chose de beau
quelque chose d'utile...
pour l'oiseau
placer ensuite la toile contre un arbre
dans un jardin
dans un bois
ou dans une forêt
se cacher derrière l'arbre
sans rien dire
sans bouger...
Parfois l'oiseau arrive vite
mais il peut aussi bien mettre de longues années
avant de se décider
Ne pas se décourager
attendre
attendre s'il le faut pendant des années
la vitesse ou la lenteur de l'arrivée
de l'oiseau n'ayant aucun rapport
avec la réussite du tableau
Quand l'oiseau arrive

Fer 's Bild vu 'me Vöjel ze mole

an d'Elsa Henriquez

Mol zeerscht e Käffi
mit eme offene Deerel
mol denoh
ebbs Netts
ebbs Einfachs
ebbs Scheens
ebbs Nitzlichs...
fer de Vöjel
noh stell d' Dafel an e Baum
in e Garte
in e Wäldel
odder in e Wald
versteck dich hinterm Baum
mücks dich nitt
un riehr dich nitt...
Manichmol kommt de Vöjel ball
awwer es kann au langi Johre düüre
ebb ass er sich dezüe entscheide kann
D'Hoffnung nitt ufgenn
warte
johrelang warte wenn's müess sinn
ob de Vöjel schnell oder langsam kommt
hängt nitt mit'm Gerote von de Dafel z'samme
Wenn de Vöjel kommt

s'il arrive
observer le plus profond silence
attendre que l'oiseau entre dans la cage
et quand il est entré
fermer doucement la porte avec le pinceau
puis
effacer un à un tous les barreaux
en ayant soin de ne toucher aucune des
plumes de l'oiseau
Faire ensuite le portrait de l'arbre
en choisissant la plus belle de ses branches
pour l'oiseau
peindre aussi le vert feuillage et la fraîcheur
du vent
la poussière du soleil
et le bruit des bêtes de l'herbe dans la chaleur
de l'été
et puis attendre que l'oiseau se décide à chanter
Si l'oiseau ne chante pas
c'est mauvais signe
signe que le tableau est mauvais
mais s'il chante c'est bon signe
signe que vous pouvez signer
alors vous arrachez tout doucement
une des plumes de l'oiseau
et vous écrivez votre nom dans un coin du
tableau.

wenn er jo kommt
blib miislich still
wart bis dass de Vöjel in de Käffi geht
un wenn er drinne isch
mach 's Deerel sachte mit'em Pensel züe
denoh
wisch eins nooch em andere alli Gitterstäwle üs
un pass uf dass dü an ken Fedder vum Vöjel
kommsch
Mach noh 's Bild vum Baum
wähl fer de Vöjel
de scheenscht vun de Näscht üs
mol au 's griene Laub un d'Frische vum Wind
de Staub vun de Sunn
un de Lärm vum Vieh uf de Weid in de
Summerhitz
un wart noh bis dass de Vöjel endlich anfangt
ze singe
Wenn de Vöjel nitt singt
isch's e schlechts Zeiche
e Zeiche dass d'Dafel missrote isch
wenn er awwer singt isch 's e güets Zeiche
's Zeiche dass dü unterschriiwe kannsch
Ropf denoh ganz sachte
im Vöjel e Fedder erüs
un setz i'me Eck vun de Dafel dine Namme
drunter.

Pour toi mon amour

Je suis allé au marché aux oiseaux
Et j'ai acheté des oiseaux
Pour toi
mon amour
Je suis allé au marché aux fleurs
Et j'ai acheté des fleurs
Pour toi
mon amour
Je suis allé au marché à la ferraille
Et j'ai acheté des chaînes
De lourdes chaînes
Pour toi
mon amour
Et puis je suis allé au marché aux esclaves
Et je t'ai cherchée
Mais je ne t'ai pas trouvée
mon amour.

Fer dich min Liebs

Ich bin uf de Vöjelsmärik gange
Un hab Vejel g'kauft
Fer dich
min Liebs
Ich bin uf de Blüememärik gange
Un hab Blüeme g'kauft
Fer dich
min Liebs
Ich bin uf der Altisemärik gange
Un hab Kette g'kauft
Schwäri Kette
Fer dich
min Liebs
Un noh bin ich uf de Sklavemärik gange
Un hab dich g'süecht
Awwer ich hab dich nitt g'funde
min Liebs.

Premier jour

Des draps blancs dans une armoire
Des draps rouges dans un lit
Un enfant dans sa mère
Sa mère dans les douleurs
Le père dans le couloir
Le couloir dans la maison
La maison dans la ville
La ville dans la nuit
La mort dans un cri
Et l'enfant dans la vie.

Erschter Daa

Wissi Lindiecher i' me Kaschte
Roti Lindiecher i' me Bett
E Kind in sinere Müeder
Sini Müeder in de Weh
De Vatter im Gang
De Gang im Hüs
's Hüs in de Stadt
D'Stadt in de Nacht
De Tod i'me Schrej
Un 's Kind im Läwe.

Quand tu dors

Toi tu dors la nuit
moi j'ai de l'insomnie
je te vois dormir
ça me fait souffrir

Tes yeux fermés ton grand corps allongé
c'est drôle mais ça me fait pleurer
et soudain voilà que tu ris
tu ris aux éclats en dormant
où donc es-tu en ce moment
où donc es-tu parti vraiment
peut-être avec une autre femme
très loin dans un autre pays
et qu'avec elle c'est de moi que tu ris

Toi tu dors la nuit
moi j'ai de l'insomnie
je te vois dormir
ça me fait souffrir

Lorsque tu dors je ne sais pas si tu m'aimes
t'es tout près mais si loin quand même
je suis toute nue serrée contre toi
mais c'est comme si j'étais pas là
j'entends pourtant ton cœur qui bat

Wenn dü schlofsch

Dü dü düesch d's-nachts schlofe
un ich ich kann nitt schlofe
ich seh dich schlofe
un diss macht mich liide

Dini g'schlossene Auwe diner lang üsg'streckt
Kerwer
's isch komisch awwer es macht mich hile
un uf einmol fangsch dü an ze lache
dü lachsch lüt uf im Schlof
wo bisch dü denn in dem Moment
wo bisch dü denn wahrhaftig anne
villicht mit ere andere Frau
wit furt in e anders Land
un lachsch mit ihre iwwer mich

Dü dü düesch d's-nachts schlofe
un ich ich kann nitt schlofe
ich seh dich schlofe
un diss macht mich liide

Wenn dü schlofsch weiss ich nitt ob dü mich
lieb hesch
dü bisch so noht awwer trotzdem so wit
ganz nacket druck ich mich an dich
's isch awwer wie wenn ich nitt do wärt
un heer doch din Herz wo schlaat

je ne sais pas s'il bat pour moi
je ne sais rien je ne sais plus
je voudrais qu'il ne batte plus ton cœur
si jamais un jour tu ne m'aimais plus

Toi tu rêves la nuit
moi j'ai de l'insomnie
je te vois rêver
ça me fait pleurer

Toutes les nuits je pleure toute la nuit
et toi tu rêves et tu souris
mais cela ne peut plus durer
une nuit sûrement je te tuerai
tes rêves alors seront finis
et comme je me tuerai aussi
finie aussi mon insomnie
nos deux cadavres réunis
dormiront ensemble dans notre grand lit

Toi tu rêves la nuit
moi j'ai de l'insomnie
je te vois rêver
ça me fait pleurer

Voilà le jour et soudain tu t'éveilles
et c'est à moi que tu souris
tu souris avec le soleil
et je ne pense plus à la nuit
tu dis les mots toujours pareils
« As-tu passé une bonne nuit »
et je réponds comme la veille
« Oui mon chéri j'ai bien dormi
et j'ai rêvé de toi comme chaque nuit ».

ich weiss nitt ob 's fer mich schlaat
ich weiss nix ich weiss es nimm'
ich wott 's dät nimmi schlaawe din Herz
wenn dü mich je emol nimm' lieb sottsch han

Dü dü düesch d's-nachts traime
un ich ich kann nitt schlofe
ich seh dich traime
un diss macht mich hile

Alle Nacht hil ich d'ganz Nacht
un dü dü düesch traime un lächle
diss kann awwer nimm' so witersch gehn
emol bring ich dich in ere Nacht sicher um
un wil ich mich au umbringe wurr
isch noh ferti mit dine Traim
au ferti mit mine schloflose Näächt
unseri beide Leiche näwenander
schlofe noh mitnander in unserem grosse Bett

Dü dü düesch d's-nachts traime
un ich ich kann nitt schlofe
ich seh dich traime
un diss macht mich hile

Jetz wurd's Daa un pletzlich wachsch dü uf
un lächelsch mich jetz an
dü lächelsch mit de Sunn
un ich denk nimm' an d'Nacht
dü saasch wie allewil d' selwe Werter
"Hesch dü e güeti Nacht verbroocht"
un ich düe wie am Daa devor antworte
"Ja Schatz ich hab güet g'schlofe
un ich hab wie jedi Nacht von dir getraimt".

Quartier libre

J'ai mis mon képi dans la cage
et je suis sorti avec l'oiseau sur la tête
Alors
on ne salue plus
a demandé le commandant
Non
on ne salue plus
a répondu l'oiseau
Ah bon
excusez-moi je croyais qu'on saluait
a dit le commandant
Vous êtes tout excusé tout le monde peut se
tromper
a dit l'oiseau.

Üsgang

Ich hab min Keppi in de Käffi g'steckt
un ich bin nüs mit'm Vöjel uf'm Kopf
Was isch
wurd nimm salütiert
het de Kommedant g'fröjt
Nein
's wurd nimm salütiert
het de Vöjel zer Antwort genn
Ah so
exküsiere Sie mich ich hab gemeint 's wurd
    noch salütiert
het de Kommedant g'saat
Nix fer ungüet jeder Mensch kann sich jo irre
het de Vöjel g'saat.

Toile de fond

Assis
Près du lit défait
L'enfant du défunt
Près de feu son père
Feint de faire du feu
Et debout
Près de l'enfant fou
Sous-alimenté et décalcifié
Près de l'enfant fou et du père glacé
Un prêtre parle de l'enfer
Et l'oiseau de la maison
L'oiseau de la masure
L'oiseau de la misère
L'oiseau qui meurt de faim
Dans sa cage de fer
Siffle qu'il s'en fout
Que c'est rien la faim
Que c'est rien le feu
Que c'est rien le fer
Et que cela ne vaut pas la peine de s'en faire
De s'en faire une miette
Une miette de pain
Une miette de faim
Une miette de fer
Et puis crève à son tour

Hintergrund

Es hockt
näwe-'m verammelte Bett
's Kind vum Verstorwene
Näwe sim Vatter selig
Macht wie wenn es Fiir dät anzinde
Un ufrecht
Näwe- 'm verruckte Kind
Untererernährt un entkalikt
Näwe- 'm verrruckte Kind un sinem iskalte Vatter
Reddt e Pfarrer vun de Hell
Un de Vöjel vum Hüs
De Vöjel vum Bäjes
De Vöjel vum Elend
De Vöjel wo verhungert
In sim iserne Käffi
Pfift dass er druf blost
Dass Hunger nix isch
Dass Fiir nix isch
Dass Ise nix isch
Un dass es nitt de Wert isch sich ebbs drüs ze
    mache
Sich e Krimmele drüs ze mache
E Krimmele Brot
E Krimmele Hunger
E Krimmele Ise
Un er verreckt noh au

Et sifflotant et sanglotant
Éclatant de rire hurlant aboyant
L'enfant fou tourne en rond
Autour de la cage
En jouant du tambour
Et puis tourne aussi tout autour du lit
Autour du lit-cage rouillé et pourri
Où le peu qui reste du père
Mort de fatigue de faim et de misère
Se corrompt
Misérablement
Le prêtre alors ouvre la fenêtre
Miserere miserere
Et l'aurore aux doigts de fée apparaît
Et de ses doigts de fée
Délicatement
Se bouche le nez.

Dann pfift un hilt
Lacht lüt brielt un bellt
's verruckte Kind wo im Kehr 'rum lauft
Um de Käffi 'rum
Spielt Trummel debi
Un lauft noh au um 's Bett erum
Um 's verroschte un verfülte Käffi-Bett
Wo diss was iwwerig bliit vum Vatter
G'storwe vor Miedigkeit Hunger un Elend
Verwäst
Miserawel
De Pfarrer macht noh 's Fenschter uf
Miserere miserere
Un 's Morjerot mit Feefinger erschint
Un mit sine Feefinger
Zärtlich fin
Hebbt es sich d'Nas züe.

Vainement

Un vieillard hurle à la mort
et traverse le square en poussant un cerceau
Il crie que c'est l'hiver et que tout est fini
que les carottes sont cuites que les dés sont lâchés
et que la messe est dite et que les jeux sont faits
et que la pièce est jouée et le rideau tiré
Vainement
vainement
De bons amis m'appellent qui me détestent bien
de vieux amis obèses me surveillent montre en main
me supplient de comprendre tout ce qu'ils ont compris
Vainement
vainement
De vrais amis sont morts d'un seul coup tout entiers
et d'autres vivent encore et rient de toutes leurs dents
les autres les appellent et m'appellent en même temps
Vainement
vainement

Ummesunscht

E-n-alter Mann bellt de Dod an
er lauft durich de Stadtgarte un tribt e Reif vor sich her
Er brielt dass es Winter isch un dass alles ferti isch
dass alles verlore isch un dass d'Wirfel g'falle sinn
dass d'Mess geläse isch un dass bim Spiel nimm' g'setzt wurd
dass 's Theaterstickel g'spielt un d'r Vorhang g'falle isch
Ummesunscht
Ummesunscht
Güeti Frind wo mich wajer hasse rüefe mich
Alti fetti Frind beobachte mich mit de Ühr in de Hand
halte an dass ich alles versteh was sie verstande han
Ummesunscht
Ummesunscht
Echti Frind sinn uf einmol ganz g'storwe
un anderi läwe noch un lache mit-'em ganze G'sicht
d'andere rüefe sie un rüefe mich ze glicher Zit
Ummesunscht
Ummesunscht

Les autres qui sont morts déjà de leur vivant
et qui portent le deuil de leurs rêves d'enfants
et ces gens exemplaires corrects et bien élevés
se tuent à vous prédire ce qui va arriver
et la route toute droite le chemin tout tracé
et la statue de sel la patrie en danger
Le moment est venu de se faire une raison
Déjà au fond du square on entend le clairon
le jardin va fermer
le tambour est voilé
Vainement
vainement

Le jardin reste ouvert pour ceux qui l'ont aimé.

D'andere wo schunn lawendi g'storwe sinn
un um ihre Kindertraim trüüre
un d'selli muschtergiltige Lit korrekt un güet
gezöje
mache sich mied fer vorüszesaawe was kommt
un d' kerzegrad Stross und de klar vorgezeicht
Wäj
un d'Salzsül 's Vaterland wo in G'fahr isch
's isch jetz sowit sich drin ze schicke
Schunn heert m'r hinte drüsse im Stadtgarte
d'Trompet blose
De Garte macht züe
d'Trummel wurd züeg'hänkt
Ummesunscht
ummesunscht

De Garte blit offe fer die wo-'ne gern han g'hett.

POSTFACE

Jacques Prévert : sa vie et son art poétique

Né le 4 février 1900 à Neuilly-sur-Seine, Jacques Prévert, le méditatif, adorait, comme petit garçon déjà, la liberté dans la nature, rêvait à l'école de «l'oiseau-lyre», n'y obtenait que des résultats à peine passables et la quitta à l'âge de quinze ans pour exercer divers métiers tout en se consacrant de plus en plus à la lecture, «vice impuni» – comme dit Larbaud – qui l'amena, dans les années 20, vers le milieu littéraire parisien de Montparnasse où il rencontra entre autres le critique Marcel Duhamel, le jeune poète Raymond Queneau et André Breton, le chef de file des surréalistes.

S'intéressant au cinéma et s'essayant au journalisme, il s'écartera bien vite du groupe des fanatiques du surréel. Aimant hanter les rues et les boulevards de la métropole pour observer les gens et écouter le peuple, il trouva l'inspiration qui correspondait à sa vocation : en 1930, il publia dans la revue *Biffur* son premier essai poétique *Souvenirs de famille ou l'ange garde-chiourme* et, l'année d'après dans la revue *Commerce*, son deuxième texte *Tentative de description d'un dîner de têtes.*

Devenu «poète engagé», il se consacra par la suite au théâtre populaire joué aux portes des usines, puis se tourna vers le cinéma, d'abord comme acteur, puis comme scénariste : grâce à son talent, il ne tarda pas à s'imposer même comme auteur.

Parallèlement, il continuait à écrire des poèmes et des chansons qu'il fit paraître, sans ambition littéraire, dans différentes revues. C'est cependant avec la parution de son recueil poétique intitulé *Paroles*, un des best-sellers de l'Entre-deux-guerres, qu'il accéda du jour au lendemain à la grande notoriété.

Ses poèmes et chansons, pour la plupart mis en musique par Joseph Kosma, mais aussi par Georges Auric et Maurice Joubert, furent interprétés par des chanteurs en vue à l'époque, notamment par Marianne Oswald et Germaine Montéro.

Dès le début de l'après-guerre, Yves Montand, Juliette Gréco, Serge Reggiani et les Frères Jacques remirent à la mode certaines de ses rengaines, le rendant ainsi de plus en plus célèbre. Ce fut un incroyable succès populaire... Qui ne connaît pas les paroles et mélodies des petits chefs-d'œuvre ravissants *Feuilles mortes*, *Chanson des escargots qui vont à l'enterrement* ou *En sortant de l'école* que les enfants d'aujourd'hui apprennent en classe comme leurs parents et grands-parents y apprenaient naguère des fables de La Fontaine?

Encouragé par cette réussite inespérée, il ne cessa d'écrire, au hasard et selon le caprice de sa verve endiablée, des vers tantôt ironiques et satiriques, tantôt tendres et touchants en puisant à la fois dans la diversité de la réalité quotidienne et dans son imagination d'autant plus fertile qu'elle restait empreinte d'un surréalisme parfois exubérant. Le foisonnement d'idées qui se pressaient sous sa plume la rendait quasiment intarissable: tout semble couler de source, c'est un défilé d'images et de pensées, une cascade de mots, d'expressions et de calembours, une suite de clins d'œil amusés ou complices, de sourires narquois ou de francs éclats de rire, mais aussi d'injures, de foudres et de fracas de tonnerre. Dans ses révoltes perce cependant soit de la commisération, soit de l'amitié, mais, quoi qu'il en soit, toujours un amour fraternel pour ceux qui luttent et souffrent, espèrent et survivent.

Selon l'expression du philosophe Thierry Maulnier, «il a remplacé l'abat-jour par le bec de gaz»: retour à la simplicité et à la vérité, à la franchise et à la justice, bref au quotidien du commun des mortels pour émouvoir le cœur et l'esprit.

Génie créateur à la plume aussi ingénieuse que prolixe, Jacques Prévert n'a cessé de produire, en quelques années, une douzaine d'ouvrages, rien que dans le domaine poétique: *Paroles* (1946), *Spectacle* (1951), *Le grand bal du printemps* (1951), *Charmes de Londres* (1952), *Lettres des îles Baladar* (1952), *L'opéra de la lune* (1953), *La pluie et le beau temps* (1955), *Fatras* (1966), *Imaginaires* (1970), *Choses et autres* (1972), *Hebdomadaires* (1972), *Arbres* (1976).

Grâce à sa perspicacité et à sa virtuosité, Jacques Prévert a accédé du Montparnasse parisien au Parnasse mythologique. Il mourut le 11 avril 1977 d'un cancer du poumon. Enterré, selon ses dernières volontés, dans le cimetière d'Omonville-la-Petite, paisible village normand où il s'était retiré, il y repose en paix pour l'éternité face à la mer et à l'infini.

RAYMOND MATZEN

Table

Avant-propos, par Simone Morgenthaler 7
Préface, par Raymond Matzen 11

Accalmie Windstille 15
Chanson de l'oiseleur 's Lied vum Vöjelfanger 17
Chanson des cireurs de souliers
Lied vun de Schüehwichser 19
Chanson des escargots qui vont à l'enterrement
Lied vun de Schnecke wo uf d'Licht gehn...... 23
Chanson des sardinières Lied vun de Sardinlere... 27
Chanson du vitrier 's Lied vom Glaser................ 31
Chanson pour chanter à tue-tête et à cloche-pied
Lied fer üs vollem Hals un uf einem Bein
ze singe 33
Chanson pour les enfants l'hiver
Lied fer d'Kinder im Winter 39
Chez la fleuriste Bi de Blüemehändlere 41
Déjeuner du matin 's Z'morje-n-Esse 45
En sortant de l'école
Wie mir üs de Schüel sinn g'komme............. 49
Familiale Familliebild.. 53
Fiesta E Fescht 55
Il faut passer le temps M'r müess d'Zit vertriiwe 57
J'en ai vu plusieurs... Ich hab mehreri gsähn... .. 63
Je suis comme je suis Ich bin wie ich bin............ 67
Jour de fête Feschtdaa.. 71
L'automne 's Spotjohr.. 75
L'école des beaux-arts
D'Kunschtgewerweschüel.............................. 77
L'enfance D'Kindheit 79
La grasse matinée Am Morje üsschlofe................ 83

Le cancre De Fülpelz 89
Le chat et l'oiseau D'Katz un 's Vejele 91
Le cours de la vie De Läweslauf 93
Le gardien du phare aime trop les oiseaux
De Wächter vum Laichtturm het d'Vejel züe lieb 95
Le jardin De Garte 97
Le matin Am Morje 99
Le miroir brisé De gebroche Spiejel 101
Le ruisseau De Bach 103
Le temps haletant D' Zit wo üsser Odem isch 105
Le tendre et dangereux visage de l'amour
's zarte un g'fährliche G'sicht vun de Lieb 107
Les enfants qui s'aiment
D'Kinder wo sich lieb han 109
Les noces D'Hochzit 111
Les oiseaux du souci Sorjevejel 113
Ma petite lionne Liewi kleini Lewin 115
Maintenant j'ai grandi
Mittlerwil bin ich gewachse 117
Noël des ramasseurs de neige
D' Wihnachte vun de Schneeschüfler 121
Nuages Wolike 125
Page d'écriture E Sit G'schriwwenes 127
Paris at night Paris bi Nacht 131
Pour faire le portrait d'un oiseau
Fer 's Bild vu 'me Vöjel ze mole 133
Pour toi mon amour Fer dich min Liebs 137
Premier jour Erschter Daa 139
Quand tu dors Wenn dü schlofsch 141
Quartier libre Üsgang 145
Toile de fond Hintergrund 147
Vainement Ummesunscht 151

Postface : Prévert, sa vie et son art poétique,
par Raymond Matzen 154

Achevé d'imprimer en avril 1998
sur système Variquik
par l'imprimerie SAGIM

Imprimé en France

Dépôt légal : avril 1998
N° d'impression : 2842